JN137904

まいにち着たい服

石川ゆみ

筑摩書房

もくじ

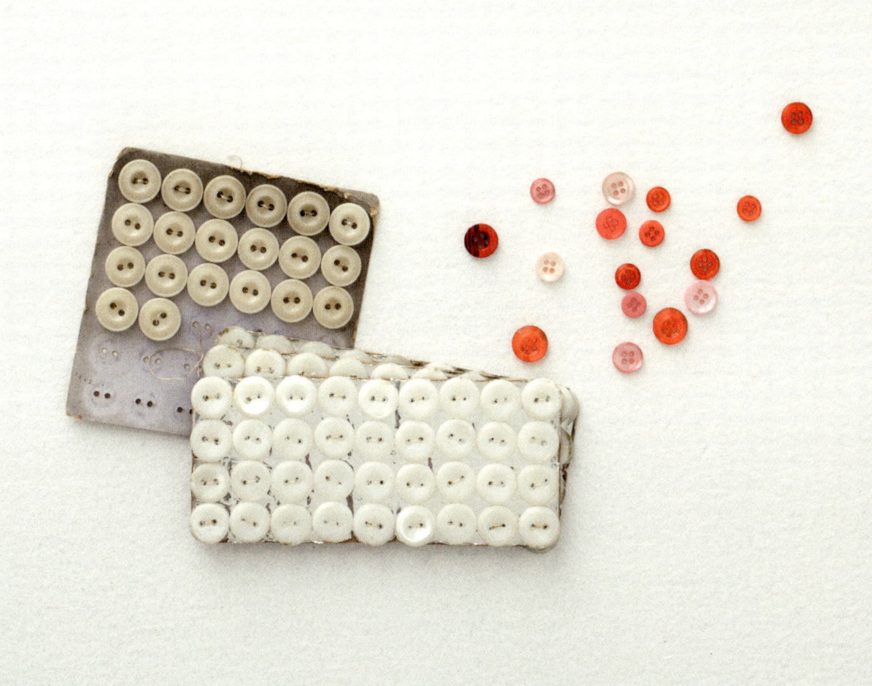

はじめに

同年代のあいだでは
おしゃれはしたいけどふだん何を着たらいいかわからない
着られる服が限られて……とよく聞きます。
年齢を重ねるとそれなりに体型も変わってきますので
今まで着ていた服も窮屈に思えたり、
好きで着ていた色も似合わなく感じたり。
私もそんな風に感じていた時もありましたが
自分で服を作り始めてから気持ちが変わってきました。
好きなものは基本変わっていないので着たい形や色を取り入れて
自分に合う着心地の良い服を作る。
特別なものでなくていいのです。
そうしたらなんだか楽しくなってきました。

シンプルな服でも衿ぐりを白にしたり袖に少しギャザーを寄せたり
裾に小さなスリットを入れたり。
ずっと大切にしまっていたお気に入りのボタンなんかも
自分用に使っちゃう。
ちょっとした工夫でグンとおしゃれに見えます。
生地屋さんに出かけて好きな生地を探すのも楽しいです。

この本の服はすべてワンサイズ。
大きく見える服ですが、どんな方も着こなせて似合うデザインになっています。
気負わずまいにち着たくなる飾らない普段着をぜひ手作りしてみてください。
いくつになってもやっぱりおしゃれは楽しいです。

石川ゆみ

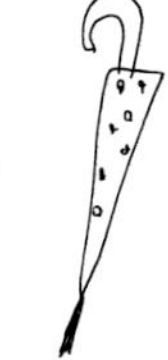

しましまワンピース

身頃たっぷりのワンピース。軽やかで涼しげです。

How to make p42

ポケットBIGパンツ

サイドにカーゴパンツみたいな大きなポケット。裾はひもでしばります。

How to make p43

ちくちく丸衿ブラウス

丸衿のように見えても、じつはステッチ。遊び心も大切に。

How to make p44

ちくちくピンタックのブラウス

ひたすらちくちくします。ちょっと不ぞろいがかわいいです。

How to make p46

シンプルブラウス

後ろあきのシンプルなブラウスです。衿ぐりの白がポイント。

How to make p48

ギャザーワンピース

シンプルブラウスのアレンジです。胸から切り替えてワンピースにしました。

How to make p50

ロングシャツ①

カーディガンのようにはおったり。コットンのネルはふんわりあたたかいです。

How to make p52

バルーンスカート

裾を少しずらして縫うだけで、表情豊かなスカートに。

How to make p49

水玉ワンピース

ウエスト部分にひもを通しています。ギャザーの加減は好みで。

How to make p54

BIGジャンパースカート

大きな四角い形を着てみるとどんな方にもしっくり。前にも後ろにも小さなポケットがついています。

How to make p56

ロングシャツ②

ロングシャツ①のアレンジ。ボタンをたくさんつけて、袖口にゴムを入れました。

How to make p58

エプロンワンピース

スカラップ刺しゅうの生地で作ったエプロン。ひもを通してギャザーを寄せています。

How to make p59

丸衿のポケットブラウス

ざっくり着られるカジュアルなブラウスです。洗いざらしでどうぞ。

How to make p60

袖ギャザーブラウス

袖山と袖口のギャザーがかわいいブラウス。リバティプリントの生地で作りました。

How to make p62

うしろリボンのギャザーブラウス

ギャザーたっぷりのブラウス。袖や丈をアレンジしてもいいと思います。

How to make p64

リネンコート

ドルマンスリーブの万能コートです。袖下のカーブがポケットになっています。

How to make p66

プリーツスカート

作ってみたかったプリーツスカート。ウエストはゴムになっています。

How to make p68

シンプルワンピース

きれいめなワンピースです。大きなポケットをつけました。

How to make p70

リネンのかっぽう着

首の後ろで結ぶだけ。ワンピースや着物にも合います。

How to make p72

タータンチェックのパンツ

厚みのあるウールで作ったパンツは合わせやすく、あたたかです。

How to make p71

パイピングのBIGコート

リネンコートのアレンジです。バイアスでぐるりと縁どりしました。

How to make p74

How to make

作り始める前に

この本では、折りたたんだ四角形の布に型紙を当て、
衿まわりや脇の形を裁ち落とすことで各パーツを作ります。
ほとんどがまっすぐ縫えば出来上がりますので、気軽に始めてみてください。

●この本の寸法について

作り方ページの数字の単位はcmです。また、裁ち方の寸法には縫い代分も含まれていますのでそのまま裁断します。

●サイズについて

この本の服はフリーサイズです。ゆったりとしたデザインの服ですのでM～LLサイズまで対応でき、どなたでもよく似合うと思います。服を平置きにした寸法が図中にありますのでそちらを参考にしてください。

●布について

使用する布は裁断前にあらかじめ水通しや霧吹きなどをして縮ませ、陰干ししてアイロンをかけておきます。コーデュロイなどの毛並みがある布は地の目に気をつけて裁断します。図中の↕は布地の縦方向を示しています。

●型紙のこと

型紙は抜き型タイプです。巻末**p76-79**の型紙はそのままコピーするか、ハトロン紙などに写しとって使用してください。

●ミシンがけのこと

使用する布に合わせてミシン糸と針を用意します。切れ端などで試し縫いをしてミシン目を調整してから縫い始めます。縫い始めと縫い終わりは必ず返し縫いをしましょう。縫う際にはまち針を打ちますが、それだけでは不安な方はミシンをかける前にしつけをしてください。またジグザグミシンで布端の始末をしていますが、これはロックミシンでもミシン機能の裁ち目かがりでもOKです。

●接着芯のこと

一部の服の見返しに接着芯を貼るものがあります。布の裏に接着芯を重ねてアイロンをしっかり当て、十分に接着させてください。

しましまワンピース

Photo…… p6

幅88×丈111㎝

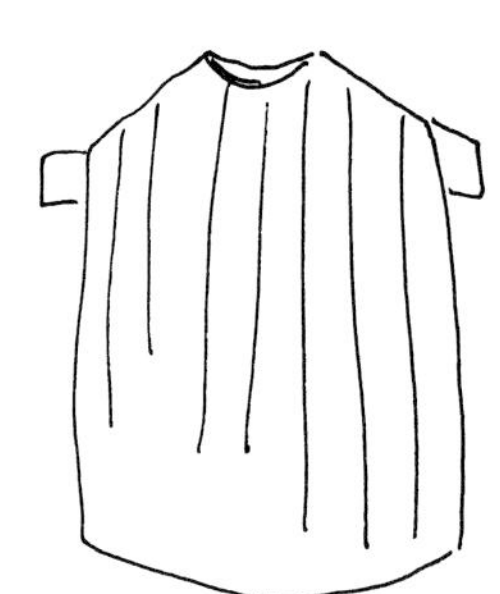

●材料

コットンのストライプ生地
…90×115㎝(前身頃)
45×115㎝を2枚(後ろ身頃)
15×40㎝を2枚(袖)
ボタン…直径1.2㎝を1個
1㎝幅のバイアステープ(ふちどりタイプ白)
…60㎝
＊ループはバイアステープを利用して作る➜p48
＊布の用尺：110㎝幅240㎝

型紙➜p76：衿ぐり③

●作り方

1 後ろ身頃の中心を縫う。あきとスリットを縫い残し、スリットを作る。
2 肩を縫う。➜p44 2
3 脇にジグザグミシンをかける。➜p45 3
4 衿ぐりにバイアステープを重ねて縫う。➜p67 7(前後身頃は逆だが、作り方は同じ)
5 あきの右側にループをはさみ、裏に返して、衿ぐりをくるんでまつる。左側にボタンをつける。➜p55 9
6 袖をつける。
7 袖下を縫う。➜p47 5
8 脇を縫う。➜p47 6
9 袖口と裾を三つ折りにしてそれぞれ縫う。

●裁ち方

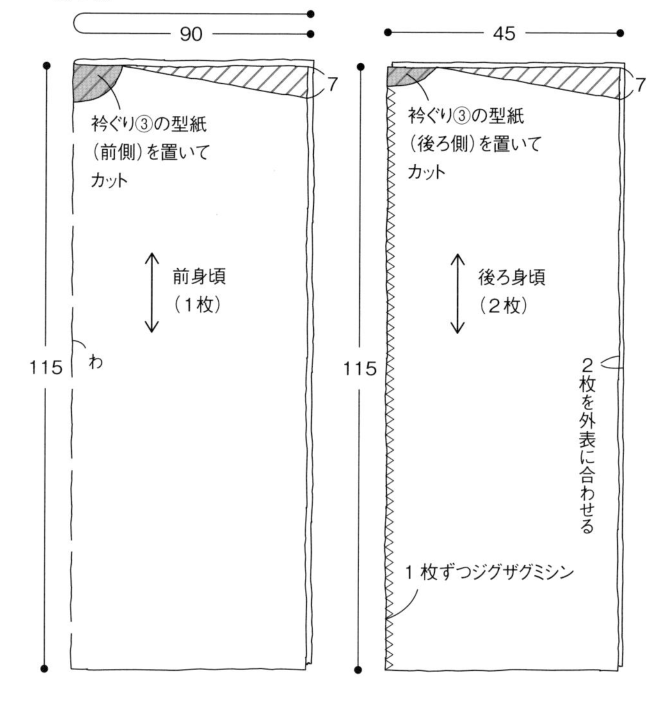

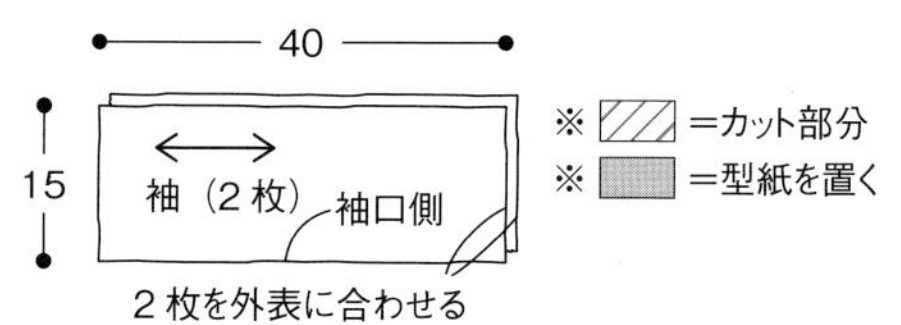

※ ▨ =カット部分
※ ■ =型紙を置く

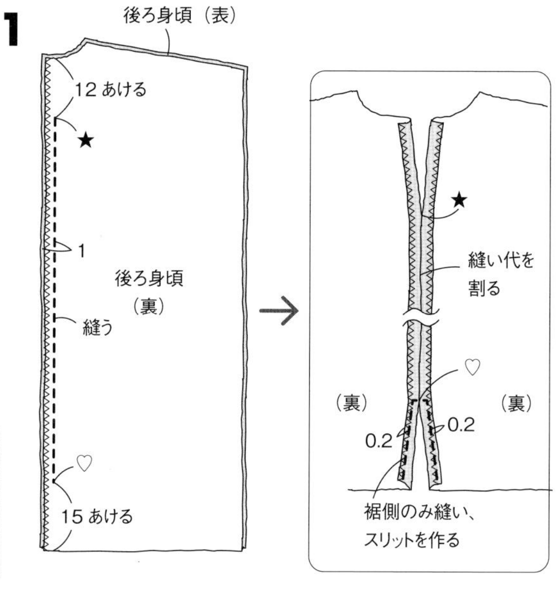

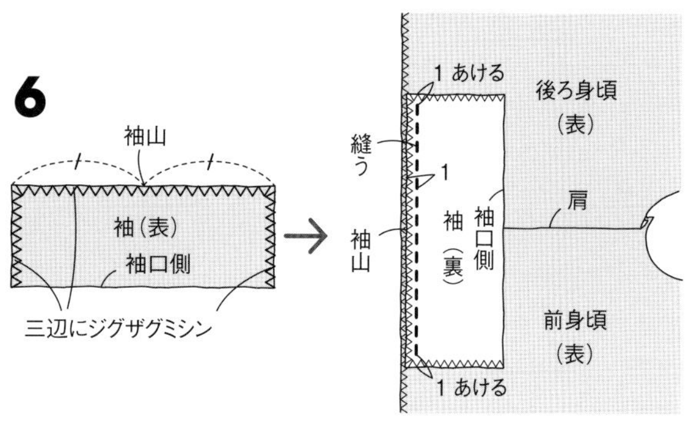

9
袖(裏)
0.1
1
1
縫う
身頃(裏)
0.1
1
2
縫う

ポケットBIGパンツ

Photo...... p8

丈 99㎝

●材料

厚手のコットン

…85 × 105㎝を 2 枚(パンツ)

25 × 25㎝を 2 枚(ポケット)

ゴムテープ … 2㎝幅 65㎝(長さは目安)

綿の平ひも … 0.8㎝幅 60㎝を 2 本

＊布の用尺 : 110㎝幅 220㎝

型紙 ➜ p78 : 前股ぐり、後ろ股ぐり

●作り方

1 ポケットを作る。
2 股下と裾にジグザグミシンをかけ、 ポケットをつける。
3 股下を縫う。ひも通し口を縫い残す。
4 左右のパンツを合わせて、股ぐりを縫う。➜ p71 2
5 裾を二つ折りにして縫う。
6 ウエストを三つ折りにして縫う。 ゴムテープ通し口を縫い残す。➜ p71 4
7 ゴムテープを通し、端を重ねて縫う。➜ p71 5
8 パンツの裾にひもを通す。

●裁ち方

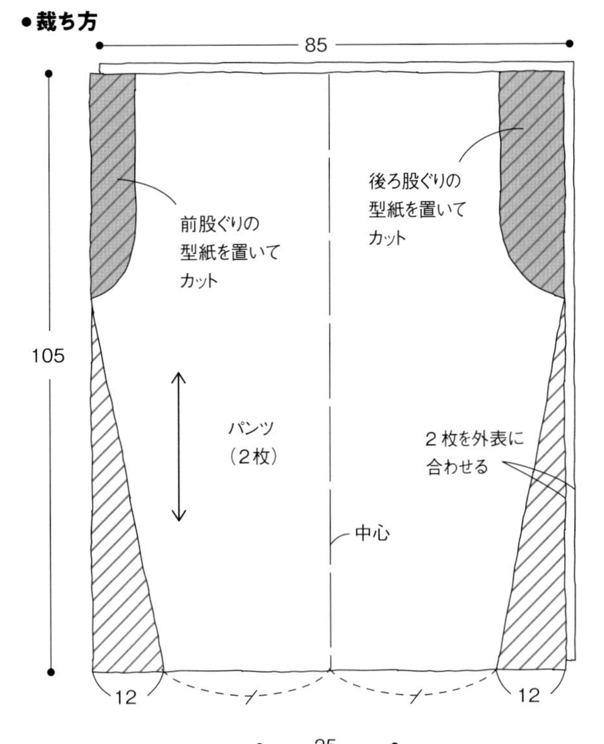

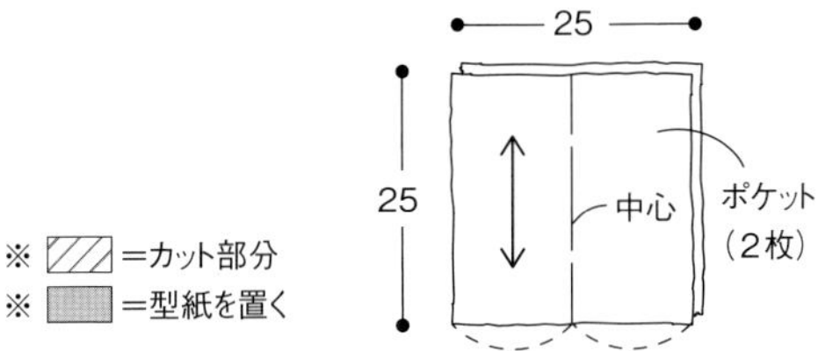

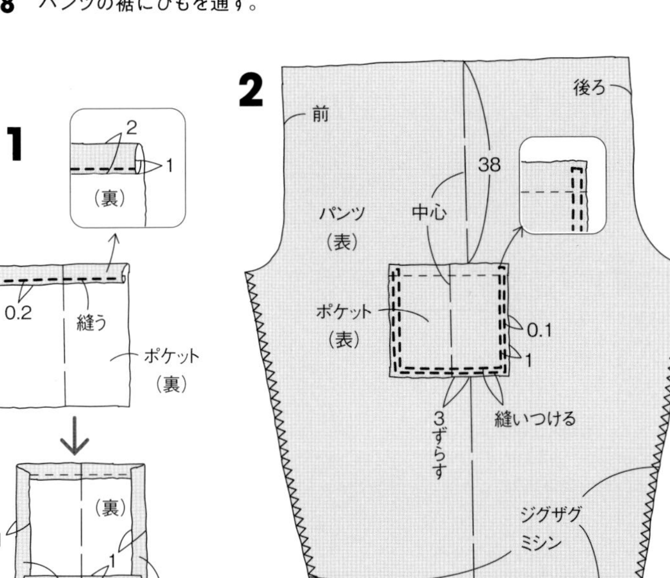

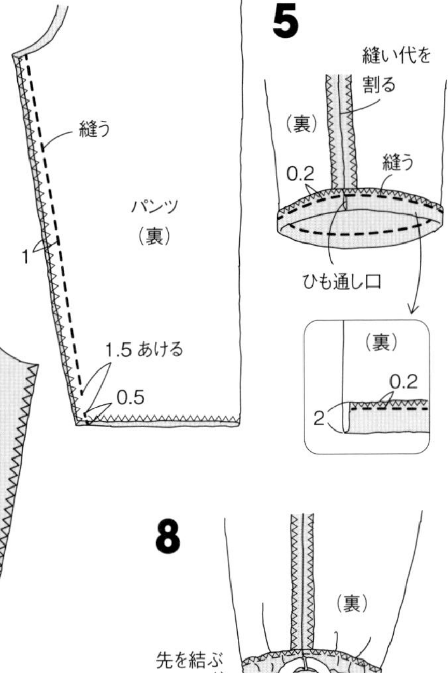

ちくちく丸衿ブラウス

Photo…… p10

幅 68 × 丈 62㎝

●材料

無地のコットン … 70 × 65㎝(前身頃)
35 × 65㎝を 2 枚(後ろ身頃)
30 × 25㎝(見返し)
接着芯 … 30 × 25㎝(見返し)
ボタン(チャイニーズノット) … 大きさ 1㎝を 1 個
刺し子糸 … 適宜
＊ループは残布をバイアスにして作る ➜ p48
＊布の用尺：110㎝幅 140㎝

型紙 ➜ p76：衿ぐり②　p77：見返し、ステッチ衿

●作り方

1 後ろ身頃の中心を縫う。あきを縫い残す。
2 肩を縫う。
3 脇にジグザグミシンをかける。
4 身頃にステッチ衿の型紙を置いて印をつけ、バックステッチ。
5 あきの右側にループをはさみ、衿ぐりに見返しを重ねて縫う。次に見返しを表に返して整える。
6 脇を縫う。その際袖ぐりを縫い残す。
7 袖ぐりを縫う。
8 裾を三つ折りにして縫う。
9 あきの左側にボタンをつける。

●裁ち方

70
5
65
わ
衿ぐり②の型紙(前側)を置いてカット
前身頃(1枚)

35
5
65
衿ぐり②の型紙(後ろ側)を置いてカット
後ろ身頃(2枚)
2枚を外表に合わせる
1枚ずつジグザグミシン

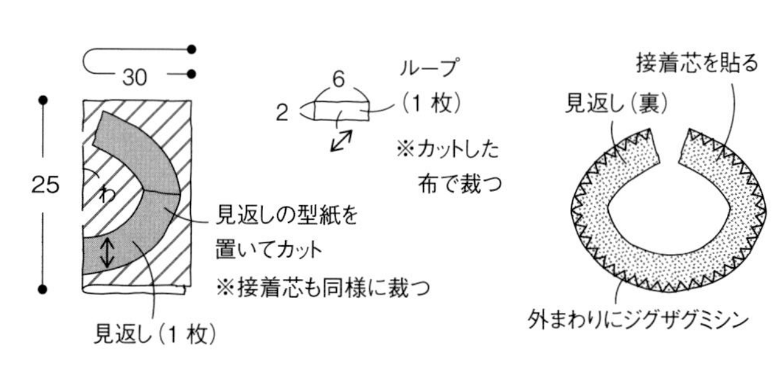

※ ▨ =カット部分
※ ■ =型紙を置く

1

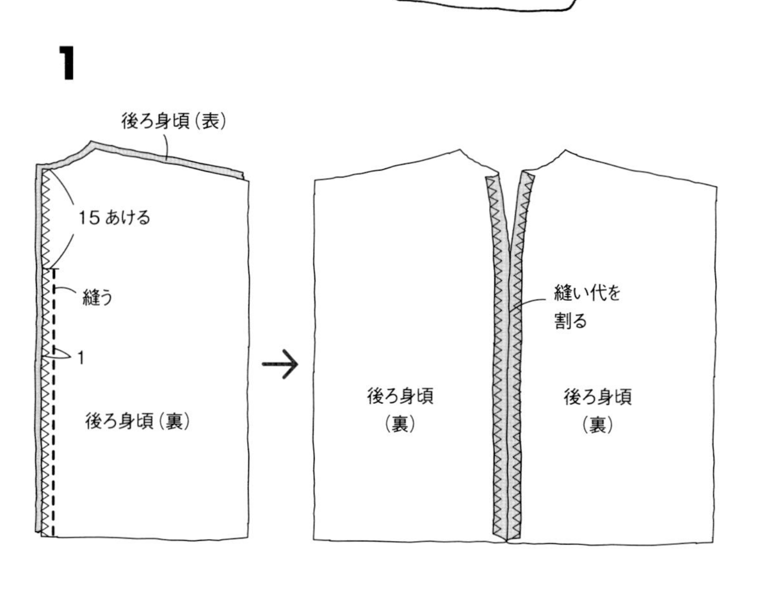

2

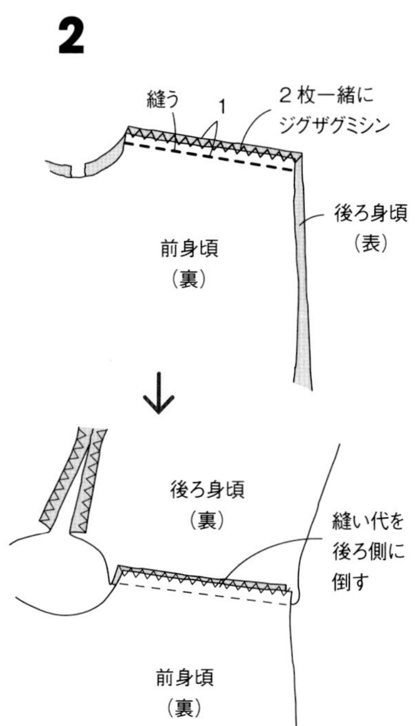

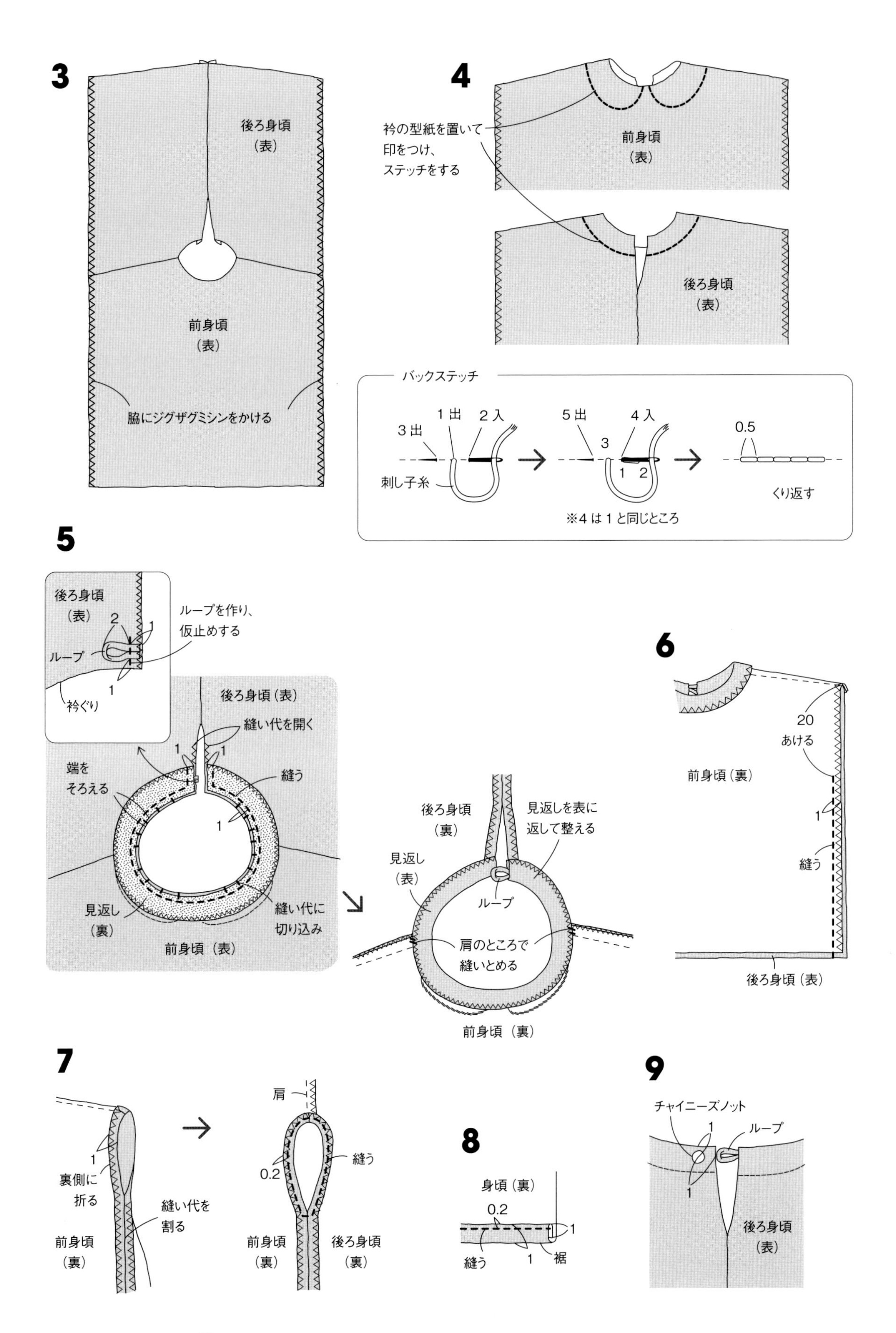
3
後ろ身頃
（表）
前身頃
（表）
脇にジグザグミシンをかける
4
衿の型紙を置いて
印をつけ、
ステッチをする
前身頃
（表）
後ろ身頃
（表）
バックステッチ
3 出
1 出
2 入
刺し子糸
5 出
4 入
3
1 2
※4 は 1 と同じところ
0.5
くり返す
5
後ろ身頃
（表）
2
1
ループ
1
衿ぐり
ループを作り、
仮止めする
後ろ身頃（表）
縫い代を開く
1
1
端を
そろえる
縫う
1
見返し
（裏）
縫い代に
切り込み
前身頃（表）
後ろ身頃
（裏）
見返しを表に
返して整える
見返し
（表）
ループ
肩のところで
縫いとめる
前身頃（裏）
6
20
あける
前身頃（裏）
1
縫う
後ろ身頃（表）
7
1
裏側に
折る
前身頃
（裏）
縫い代を
割る
肩
0.2
縫う
前身頃
（裏）
後ろ身頃
（裏）
8
身頃（裏）
0.2
1
縫う
1
裾
9
チャイニーズノット
1
ループ
1
後ろ身頃
（表）

ちくちくピンタックのブラウス

Photo…… p12

幅68×丈57㎝

●材料

無地のコットン…80×60㎝（前身頃）
70×60㎝（後ろ身頃）
50×25㎝を2枚（袖）
1㎝幅のバイアステープ（ふちどりタイプ白）…60㎝
＊布の用尺：110㎝幅150㎝

型紙 ➔ p76：衿ぐり①

●作り方

1 前身頃の中心にピンタックを21本作る。
2 肩を縫う。
3 脇にジグザグミシンをかける。
4 袖をつける。
5 袖下を縫う。
6 脇を縫う。
7 袖口と裾を三つ折りにして縫う。
8 衿ぐりにバイアステープを重ねて縫う。
9 表に返して、衿ぐりをくるんで縫う。

●裁ち方

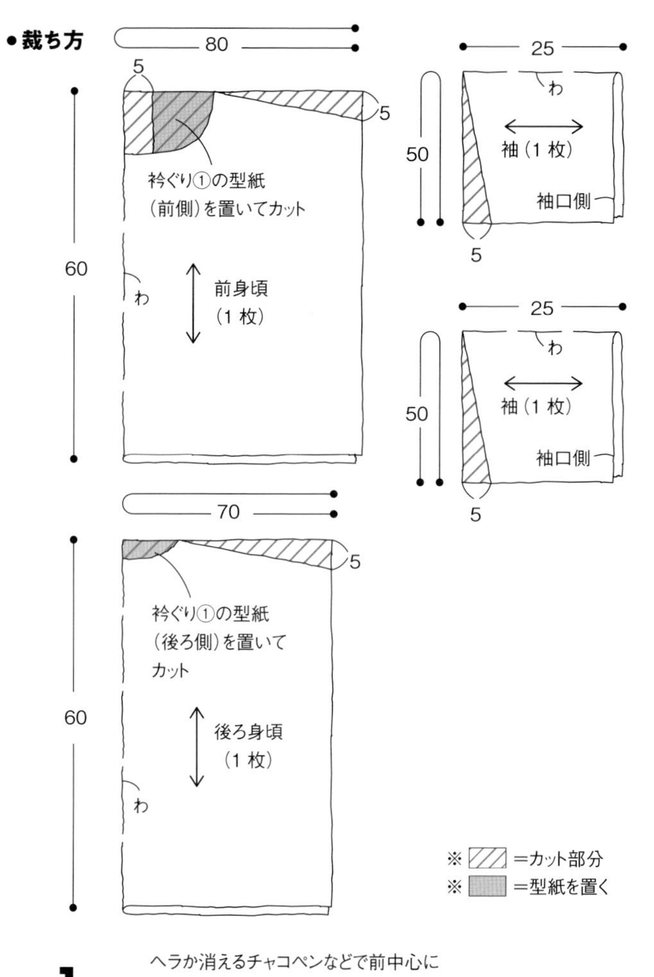

1

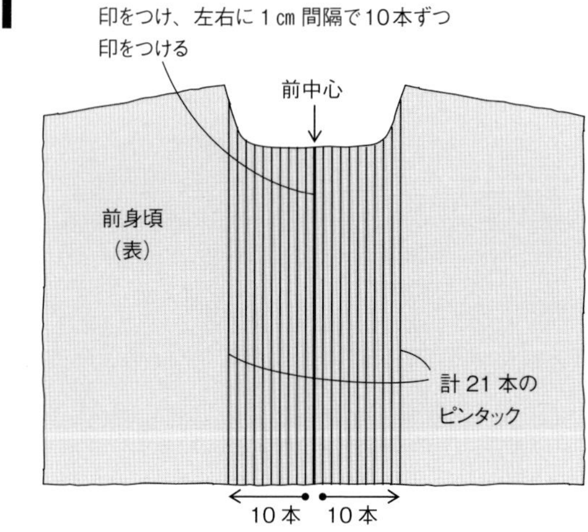

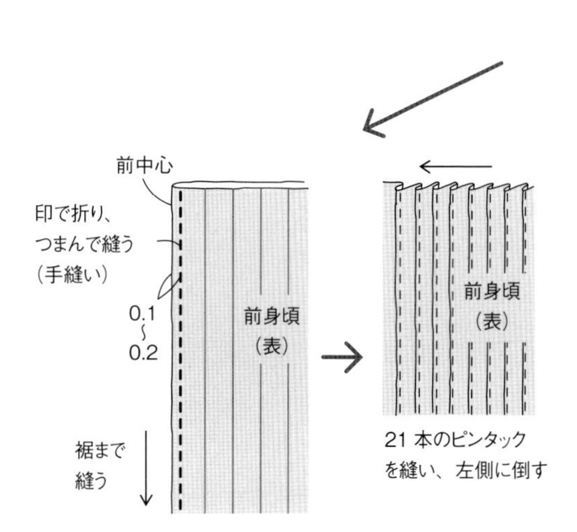

2

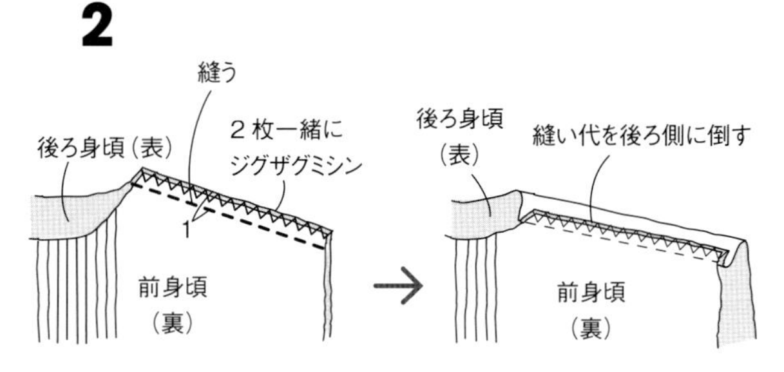

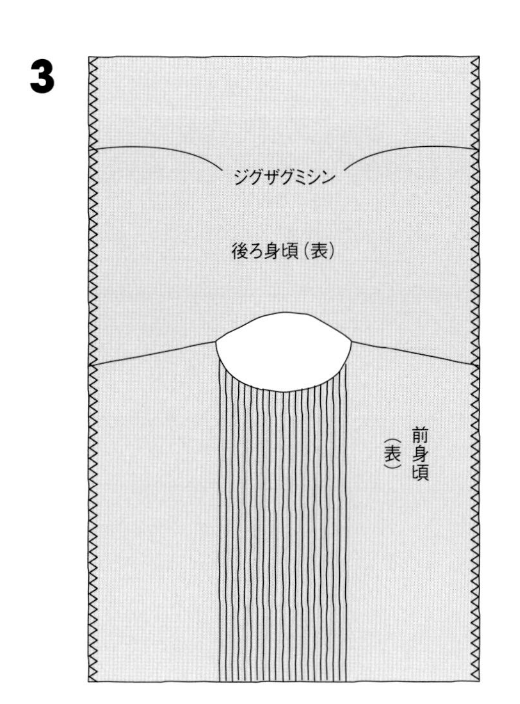
3
ジグザグミシン
後ろ身頃（表）
前身頃（表）

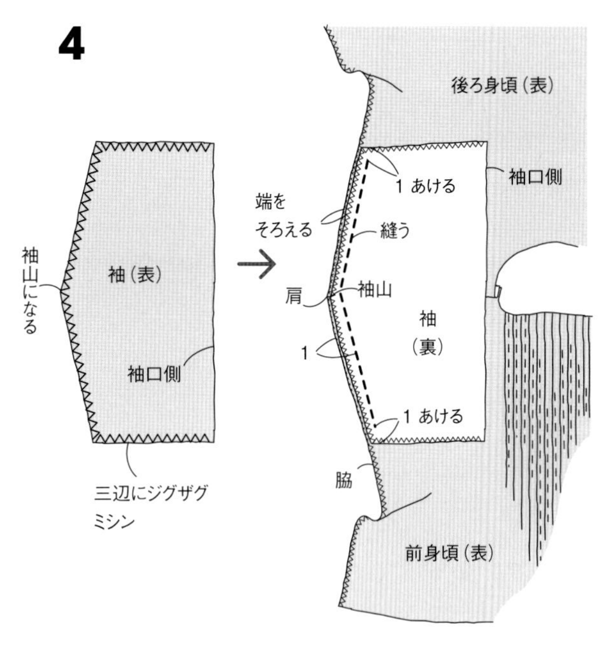
4
袖山になる
袖（表）
袖口側
三辺にジグザグミシン
後ろ身頃（表）
1 あける
袖口側
端をそろえる
縫う
肩
袖山
袖（裏）
1
1 あける
脇
前身頃（表）

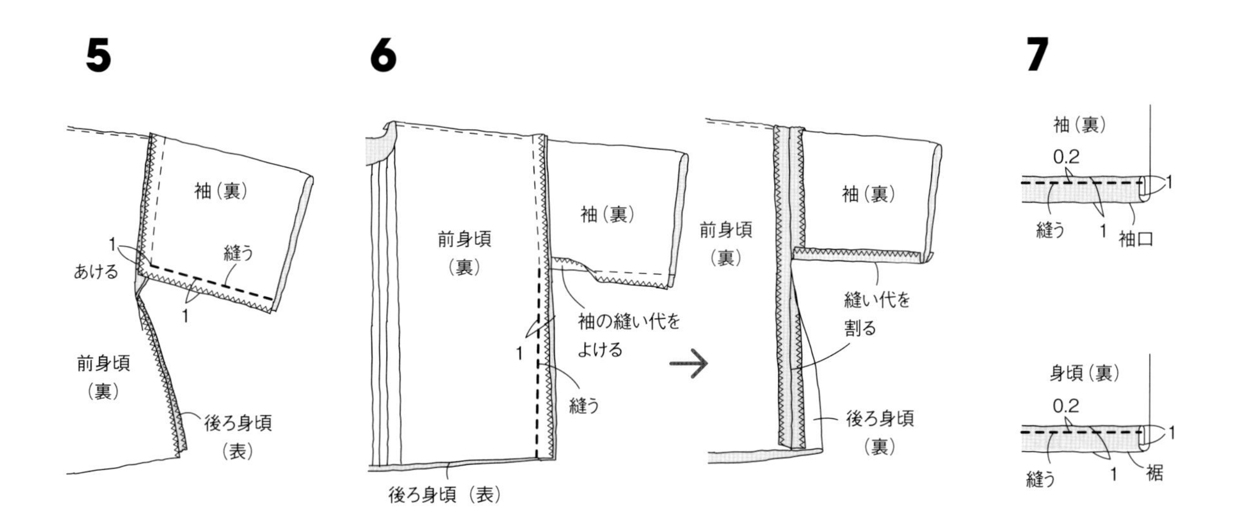
5
袖（裏）
1
あける
縫う
1
前身頃（裏）
後ろ身頃（表）
6
前身頃（裏）
袖（裏）
袖の縫い代をよける
1
縫う
後ろ身頃（表）
前身頃（裏）
袖（裏）
縫い代を割る
後ろ身頃（裏）
7
袖（裏）
0.2
1
縫う
1
袖口
身頃（裏）
0.2
1
縫う
1
裾

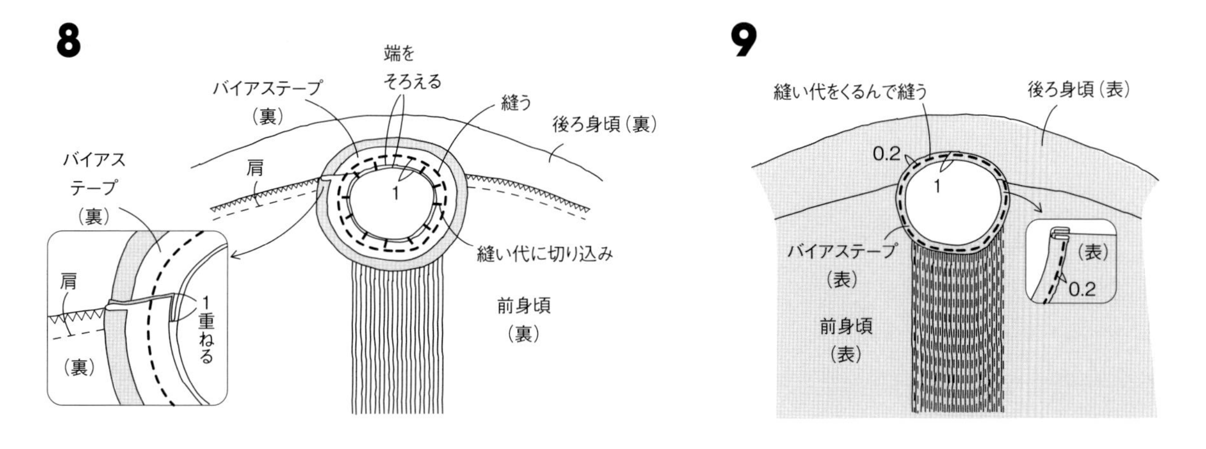
8
端をそろえる
バイアステープ（裏）
縫う
後ろ身頃（裏）
肩
1
縫い代に切り込み
前身頃（裏）
バイアステープ（裏）
肩
1 重ねる
（裏）
9
縫い代をくるんで縫う
後ろ身頃（表）
0.2
1
バイアステープ（表）
（表）
0.2
前身頃（表）

シンプルブラウス

Photo...... p14

幅 75 × 丈 57 cm

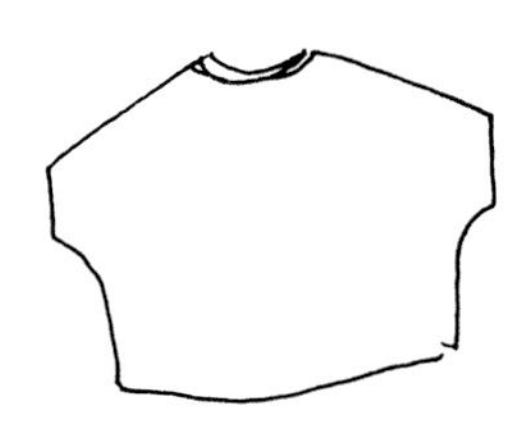

●材料

コットンのプリント生地 … 80 × 60 cm（前身頃）
40 × 60 cm を 2 枚（後ろ身頃）

ボタン … 直径 1.5 cm を 1 個

1 cm 幅のバイアステープ（ふちどりタイプ白）… 60 cm

＊ループはバイアステープを利用して作る

＊布の用尺：110 cm 幅 130 cm

型紙 ➜ p76：衿ぐり③　p79：袖ぐり

●作り方

1 後ろ身頃の中心を縫う。あきとスリットを縫い残し、スリットを作る。
2 肩を縫う。
3 衿ぐりにバイアステープを重ねて縫う。➜ p51　3
4 表に返して、あきの右側にループをはさみ、衿ぐりをくるんで縫う。左側にボタンをつける。➜ p51　4
5 脇を縫う。➜ p51　5
6 袖口を三つ折りにして縫う。➜ p51　6
7 裾を三つ折りにして縫う。

●裁ち方

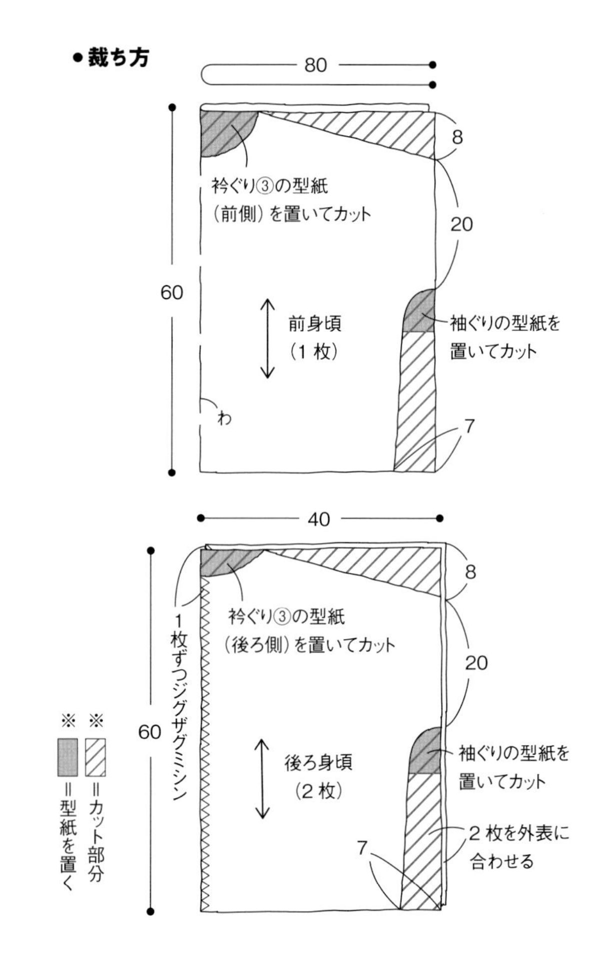

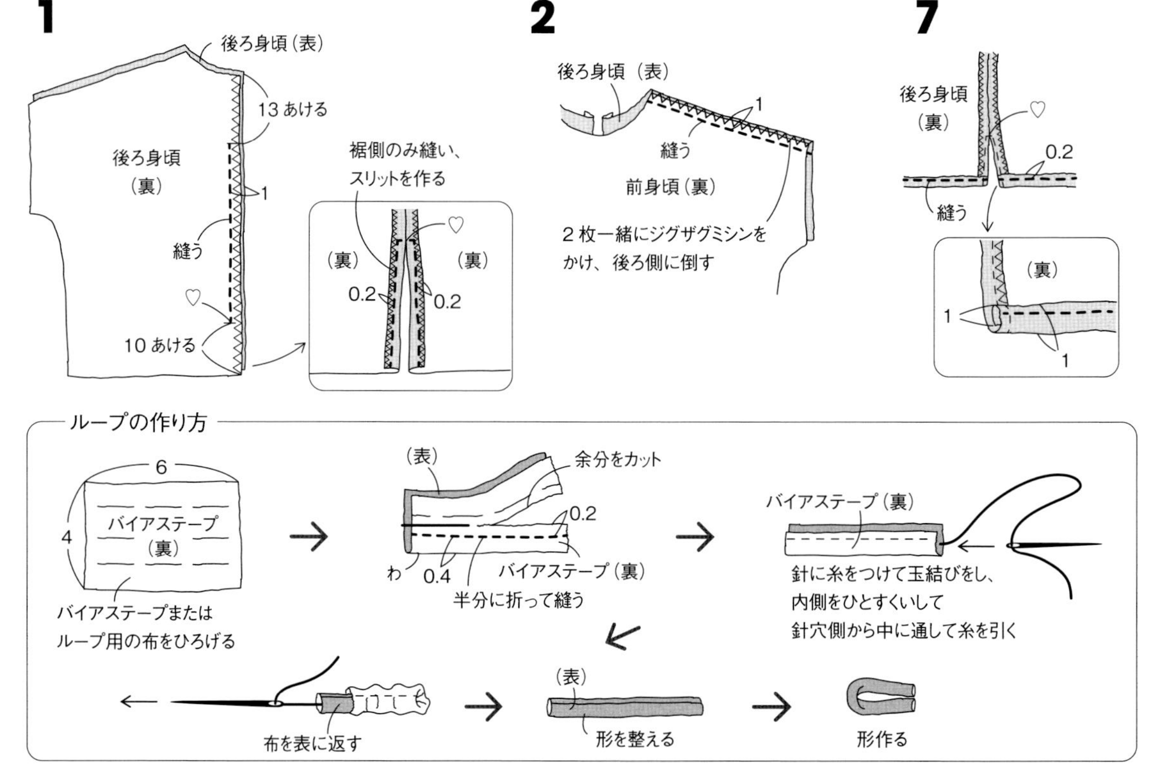

バルーンスカート

Photo…… p18

丈 75㎝

●材料

コットンのギンガムチェック … 95 × 180㎝
ゴムテープ … 2㎝幅 70㎝(長さは目安)

●作り方

1 脇を縫う。その際ゴムテープ通し口を縫い残す。
2 ウエストを三つ折りにして縫う。
3 裾を三つ折りにする。
4 裾を横に 5㎝ずらして縫う。
5 ゴムテープを通し、端を重ねて縫う。

●裁ち方

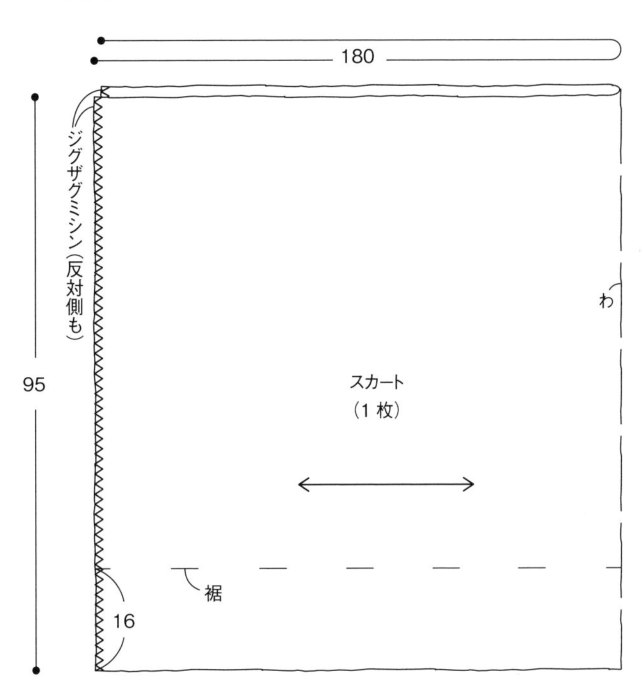

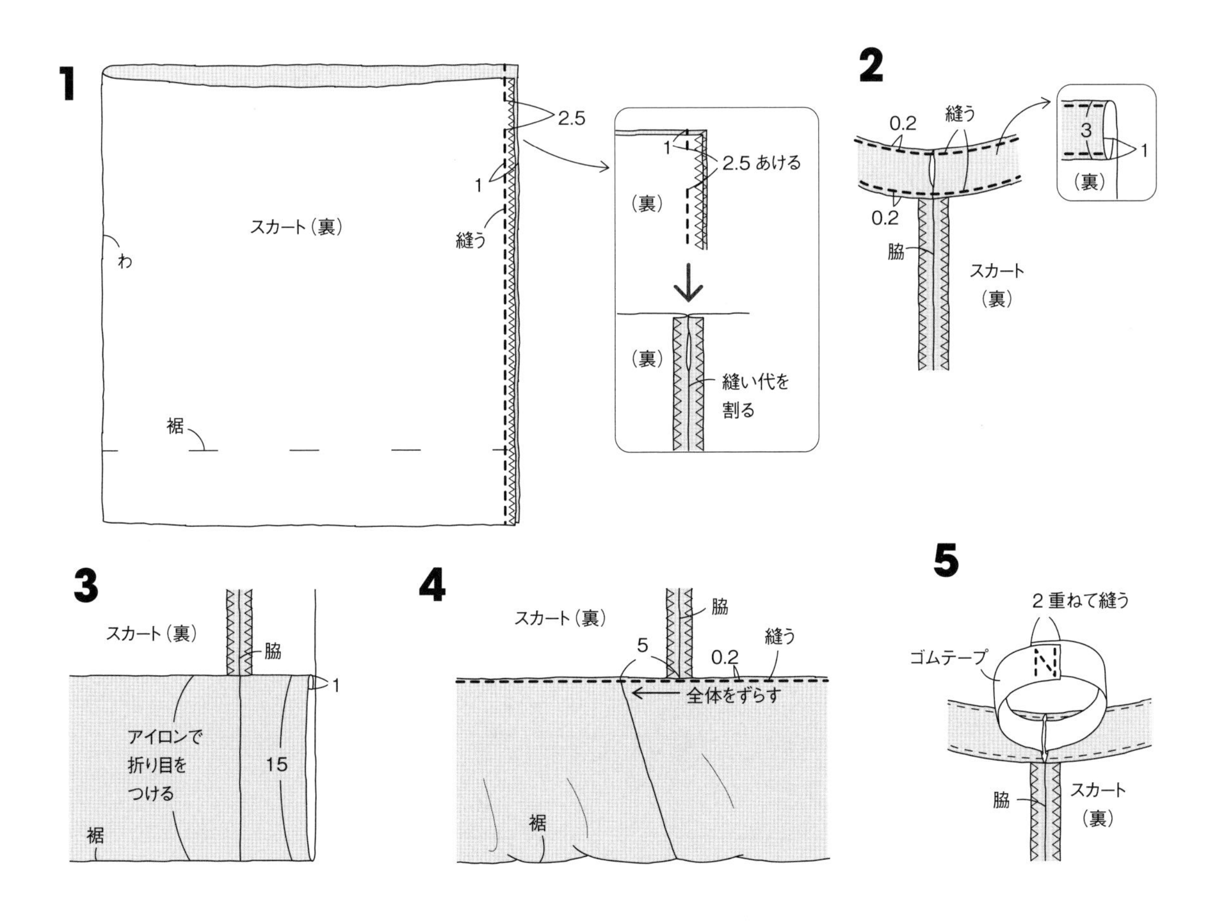

ギャザーワンピース

Photo…… p15

身幅 76 × 丈 108㎝

●材料

コットンのプリント生地

…80 × 33㎝（前身頃）

40 × 33㎝を 2 枚（後ろ身頃）

110 × 80㎝を 2 枚（スカート）

ボタン … 直径 1.5㎝を 1 個

1㎝幅のバイアステープ（ふちどりタイプ白）

… 60㎝

＊ループはバイアステープを利用して作ります。

➜ p48

＊布の用尺：110㎝幅 240㎝

型紙 ➜ p76：衿ぐり③　p79：袖ぐり

●裁ち方

80

33

8

衿ぐり③の型紙

（前側）を置いてカット

わ

前身頃（1 枚）

袖ぐりの型紙のみ横向きに

置いてカット

※ ▨ ＝カット部分

※ ■ ＝型紙を置く

40

2 枚を外表に合わせる

33

8

衿ぐり③の型紙

（後ろ側）を置いてカット

後ろ身頃（2 枚）

1 枚ずつ

ジグザグミシン

袖ぐりの型紙のみ

横向きに置いてカット

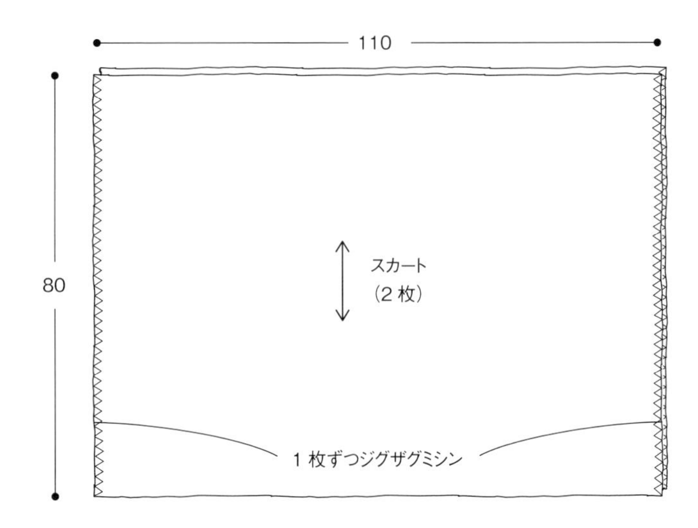

●作り方

1 後ろ身頃の中心を縫う。あきを縫い残す。

2 肩を縫う。

3 衿ぐりにバイアステープを重ねて縫う。

4 表に返して、あきの右側にループをはさみ、衿ぐりをくるんで縫う。左側にボタンをつける。

5 脇を縫う。

6 袖口を三つ折りにして縫う。

7 スカートの脇を縫い、ウエストにギャザー寄せのミシンをかける。

8 スカートの裾を三つ折りにして縫う。

9 スカートのギャザーを寄せ、身頃と縫い合わせる。

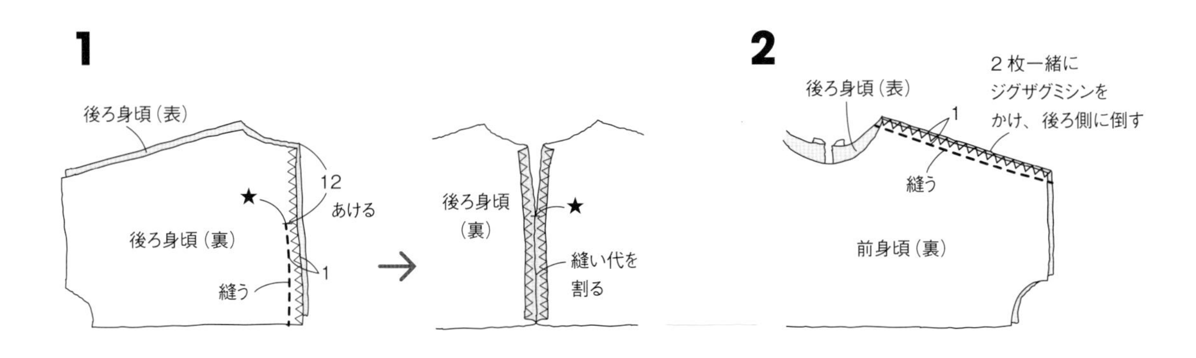

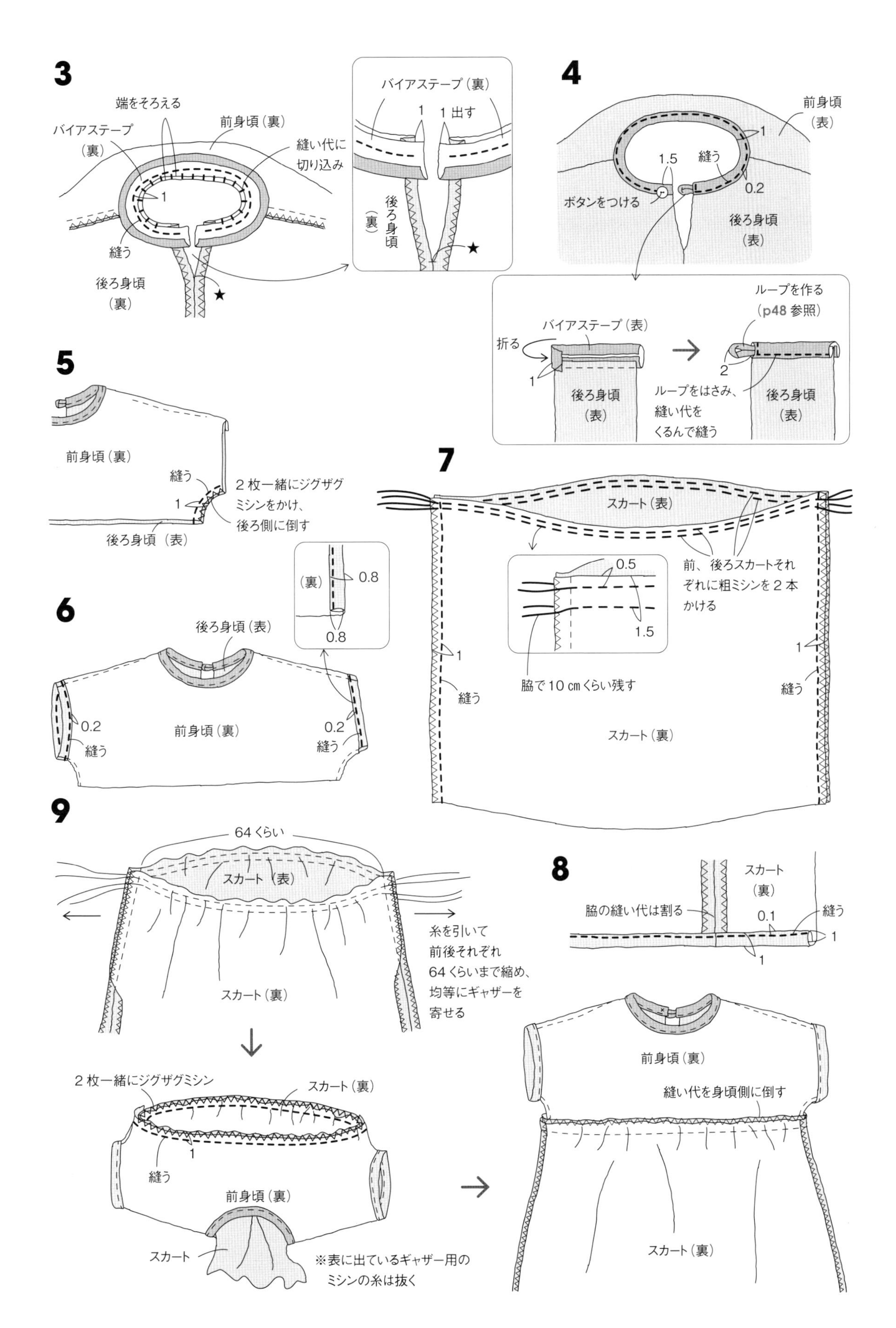
3
端をそろえる
前身頃（裏）
バイアステープ
（裏）
縫い代に
切り込み
1
縫う
後ろ身頃
（裏）
バイアステープ（裏）
1
1 出す
後ろ身頃
（裏）
4
前身頃
（表）
1
1.5
縫う
0.2
ボタンをつける
後ろ身頃
（表）
ループを作る
（p48 参照）
バイアステープ（表）
折る
1
後ろ身頃
（表）
2
ループをはさみ、
縫い代を
くるんで縫う
後ろ身頃
（表）
5
前身頃（裏）
縫う
1
2 枚一緒にジグザグ
ミシンをかけ、
後ろ側に倒す
後ろ身頃（表）
7
スカート（表）
0.5
1.5
前、後ろスカートそれ
ぞれに粗ミシンを 2 本
かける
脇で 10 cmくらい残す
1
縫う
1
縫う
スカート（裏）
（裏）
0.8
0.8
6
後ろ身頃（表）
0.2
縫う
前身頃（裏）
0.2
縫う
9
64 くらい
スカート（表）
糸を引いて
前後それぞれ
64 くらいまで縮め、
均等にギャザーを
寄せる
スカート（裏）
2 枚一緒にジグザグミシン
スカート（裏）
1
縫う
前身頃（裏）
スカート
※表に出ているギャザー用の
ミシンの糸は抜く
8
スカート
（裏）
脇の縫い代は割る
縫う
0.1
1
1
前身頃（裏）
縫い代を身頃側に倒す
スカート（裏）

ロングシャツ①

Photo…… p16

幅 74 ×丈 93㎝

●材料

コットンフランネル… 42 × 95㎝を 2 枚（前身頃）
76 × 95㎝（後ろ身頃）
50 × 30㎝を 2 枚（袖）
ボタン… 直径 1.5㎝を 7 個
1㎝幅のバイアステープ（ふちどりタイプ、
フランネルと色を合わせる）… 60㎝
＊布の用尺：110㎝幅 230㎝

型紙 ➔ p76：衿ぐり②

●作り方

1 前身頃の中心を三つ折りにして縫う。
2 肩を縫う。➔ p46 2
3 前身頃の裾からぐるりとジグザグミシンをかける。
4 袖をつける。➔ p47 4
5 袖下を縫う。➔ p47 5
6 脇を縫う。
7 袖口を三つ折りしにして縫う。➔ p47 7
8 裾を始末する。
9 衿ぐりにバイアステープを重ねて縫う。
10 裏に返して、縫い代を倒して縫う。
11 ボタンホールを作り、ボタンをつける。

●裁ち方

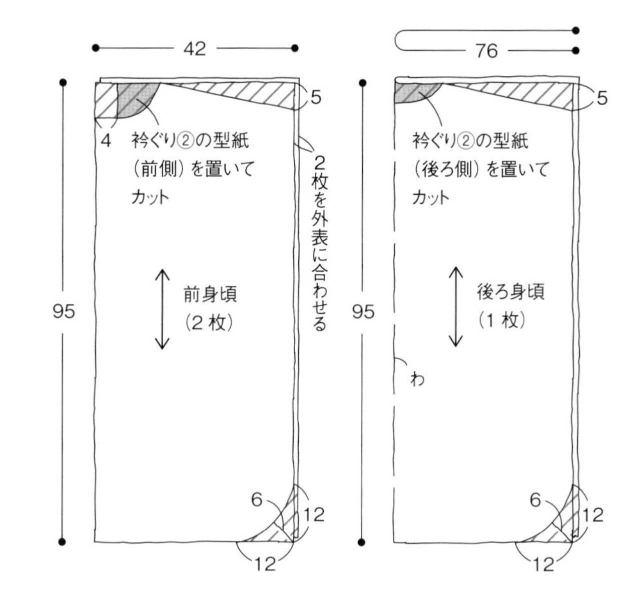

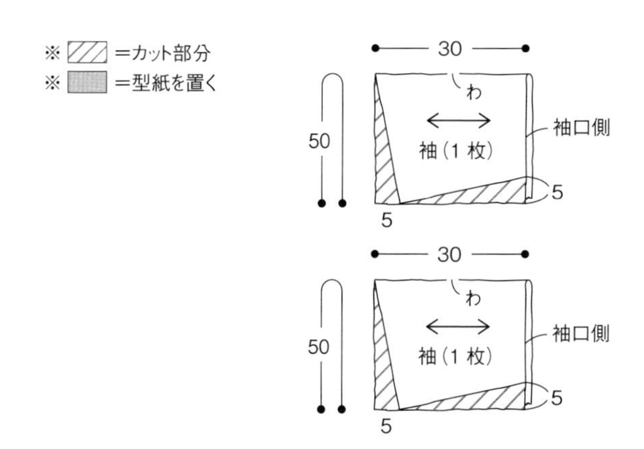

1

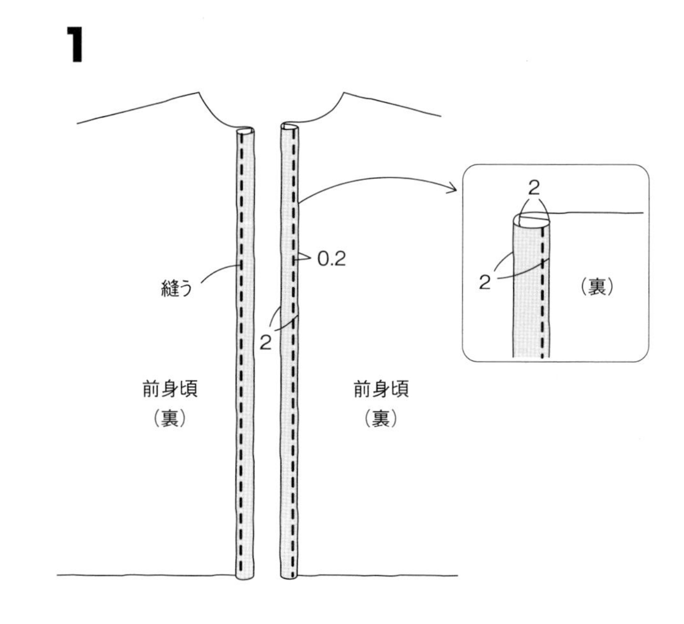

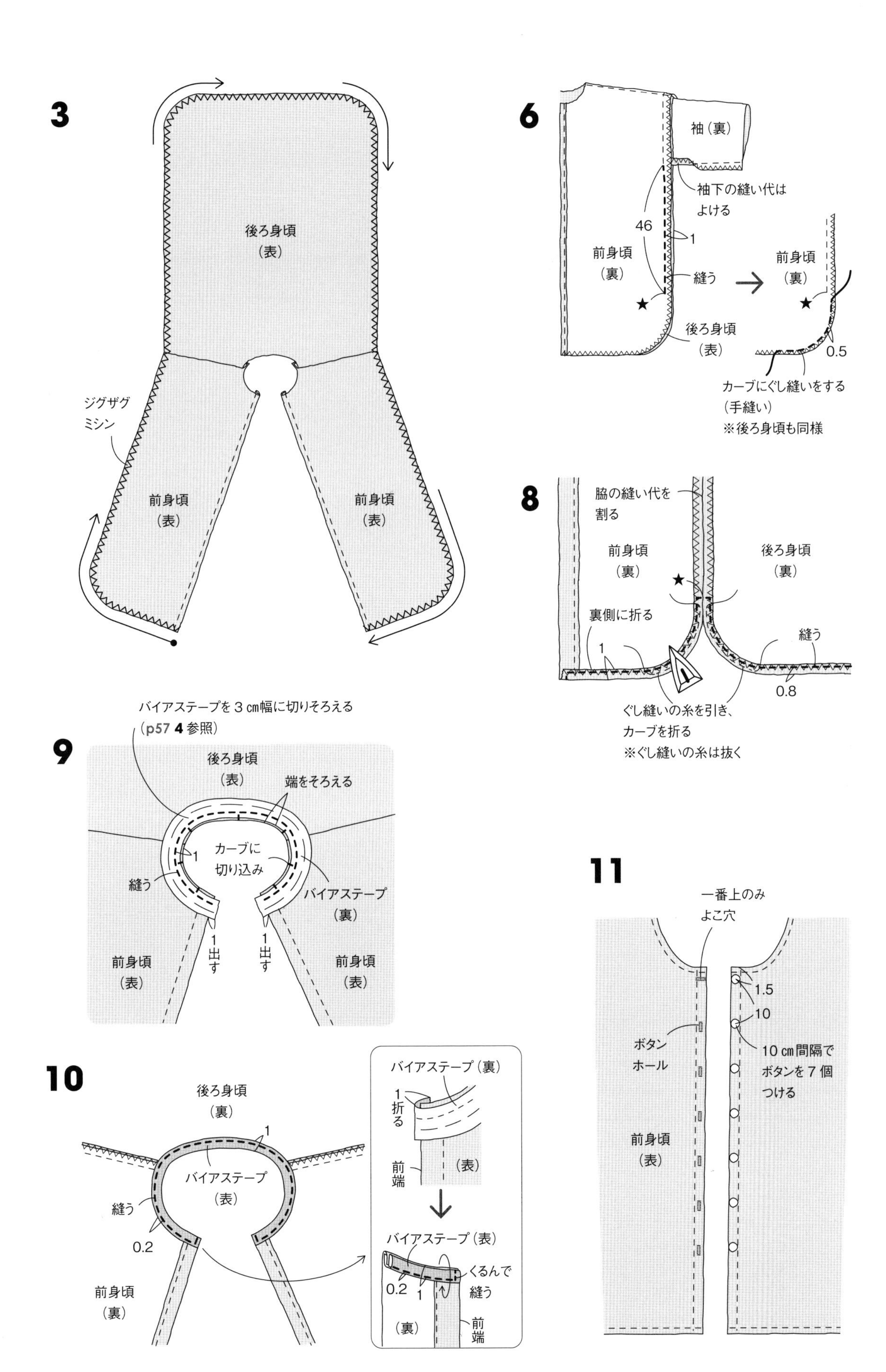
3
後ろ身頃
（表）
ジグザグ
ミシン
前身頃
（表）
前身頃
（表）
6
袖（裏）
袖下の縫い代は
よける
46
1
前身頃
（裏）
縫う
後ろ身頃
（表）
前身頃
（裏）
0.5
カーブにぐし縫いをする
（手縫い）
※後ろ身頃も同様
8
脇の縫い代を
割る
前身頃
（裏）
後ろ身頃
（裏）
裏側に折る
1
縫う
0.8
ぐし縫いの糸を引き、
カーブを折る
※ぐし縫いの糸は抜く
9
バイアステープを３㎝幅に切りそろえる
（p57 4 参照）
後ろ身頃
（表）
端をそろえる
カーブに
切り込み
1
縫う
バイアステープ
（裏）
1
出す
1
出す
前身頃
（表）
前身頃
（表）
10
後ろ身頃
（裏）
1
バイアステープ
（表）
縫う
0.2
前身頃
（裏）
バイアステープ（裏）
1
折る
前端
（表）
バイアステープ（表）
0.2
1
くるんで
縫う
（裏）
前端
11
一番上のみ
よこ穴
1.5
10
10㎝間隔で
ボタンを７個
つける
ボタン
ホール
前身頃
（表）

水玉ワンピース

Photo...... p20

幅 78 × 丈 122㎝

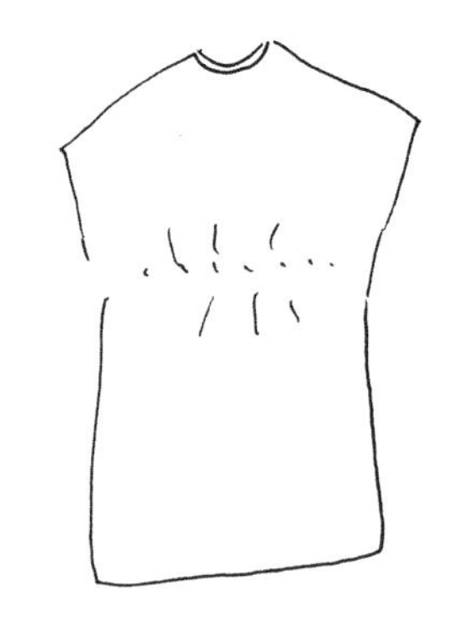

●材料

コットンリネンのドット生地
　…80 × 125㎝を 2 枚（前後身頃）
　　8 × 18㎝（見返し）
　　4 × 80㎝を 2 枚（ベルト）
接着芯 … 8 × 18㎝（見返し）
1㎝幅のバイアステープ（ふちどりタイプ白）… 60㎝
ボタン … 直径 1.2㎝を 1 個
綿の平ひも … 0.8㎝幅 100㎝を 2 本
＊ループはバイアステープを利用して作る➜ p48
＊布の用尺：110㎝幅 260㎝

型紙 ➜ p76：衿ぐり③　p78：後ろ見返し

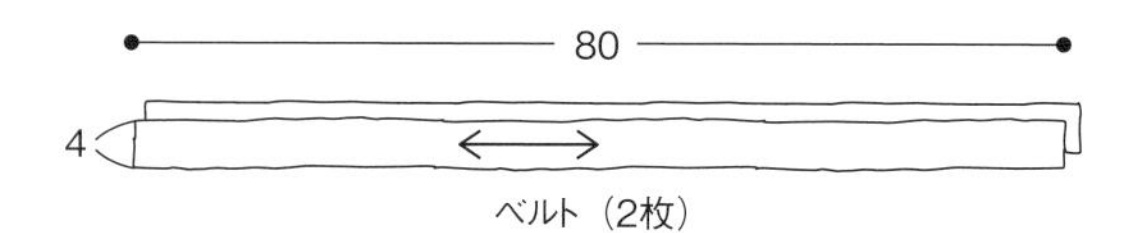

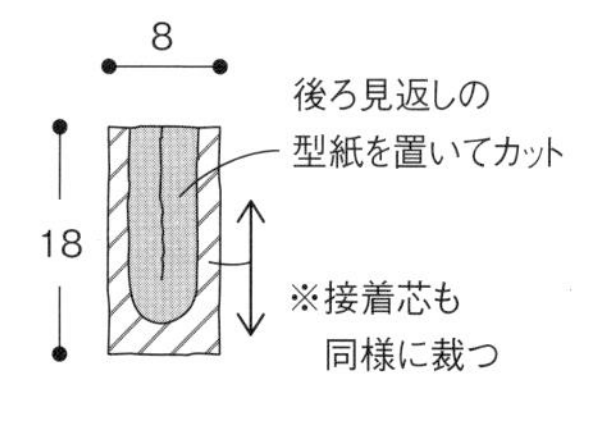

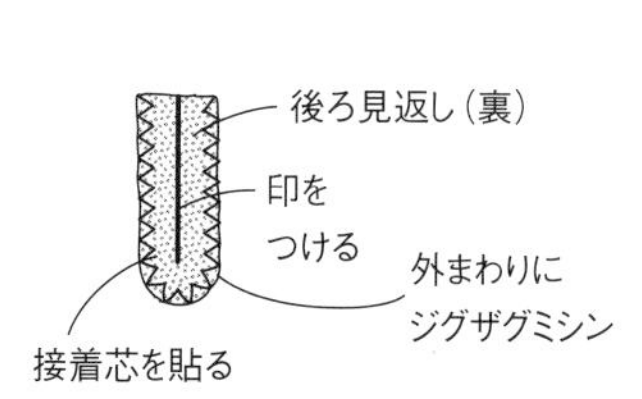

●作り方

1 後ろ身頃と後ろ見返しの中心をそろえて重ね、縫う。切り込みを入れ、見返しを表に返してさらに縫う。
2 前後身頃ともにウエストの印に合わせてベルトをつける。
3 肩を縫う。➜ p44　2
4 脇にジグザグミシンをかける。➜ p45　3
5 脇を縫う。袖ぐりを縫い残す。
6 袖ぐりを縫う。➜ p45　7
7 裾を三つ折りにして縫う。➜ p45　8
8 衿ぐりにバイアステープを重ねて縫う。➜ p67　7（前後身頃は逆だが、作り方は同じ）
9 右側にループをはさみ、裏に返して、衿ぐりをくるんでまつる。左側にボタンをつける。
10 ベルトにひもを通して、前後のひもで結ぶ。

●裁ち方

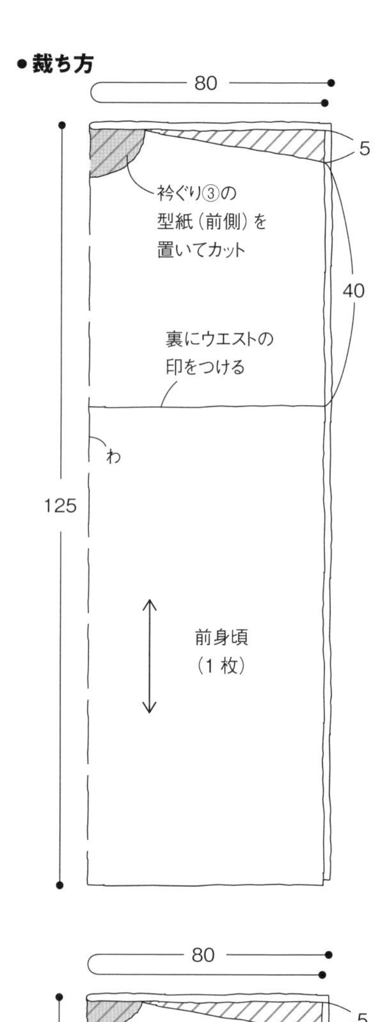

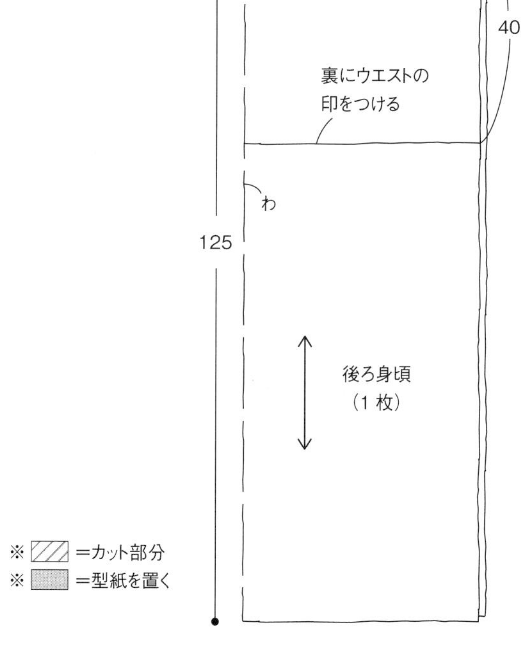

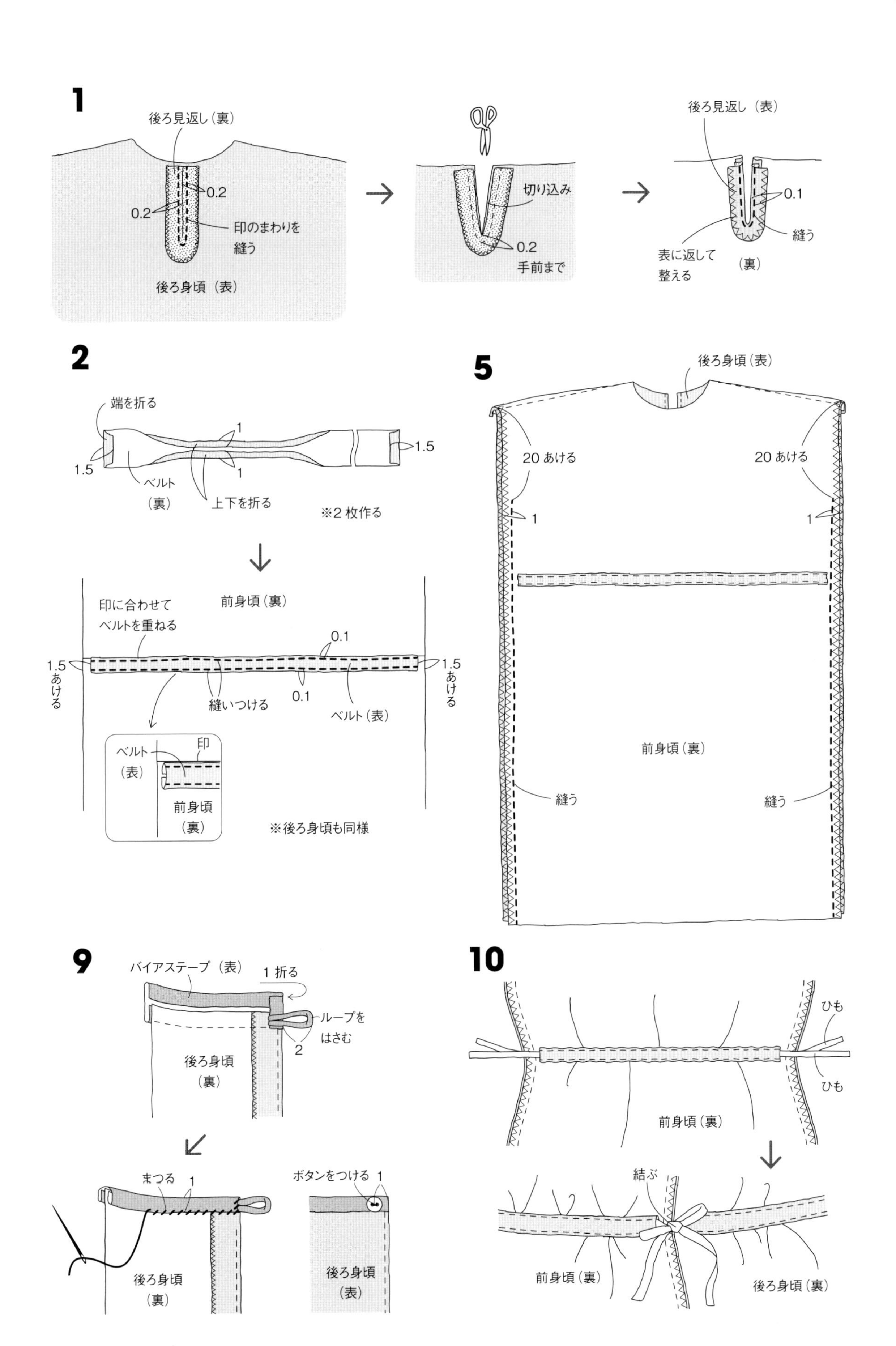
1
後ろ見返し（裏）
0.2
0.2
印のまわりを
縫う
後ろ身頃（表）
切り込み
0.2
手前まで
後ろ見返し（表）
0.1
縫う
表に返して
整える
（裏）
2
端を折る
1
1.5
1.5
1
ベルト
（裏）
上下を折る
※2 枚作る
印に合わせて
ベルトを重ねる
前身頃（裏）
0.1
1.5
あける
1.5
あける
縫いつける
0.1
ベルト（表）
ベルト
（表）
印
前身頃
（裏）
※後ろ身頃も同様
5
後ろ身頃（表）
20 あける
20 あける
1
1
前身頃（裏）
縫う
縫う
9
バイアステープ（表）
1 折る
ループを
はさむ
2
後ろ身頃
（裏）
まつる
1
後ろ身頃
（裏）
ボタンをつける
1
後ろ身頃
（表）
10
ひも
ひも
前身頃（裏）
結ぶ
前身頃（裏）
後ろ身頃（裏）

BIGジャンパースカート

Photo...... p22

幅 78 × 丈 106.6㎝

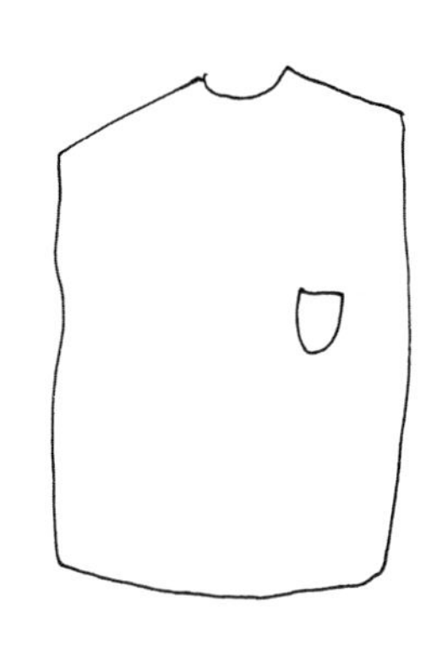

●裁ち方

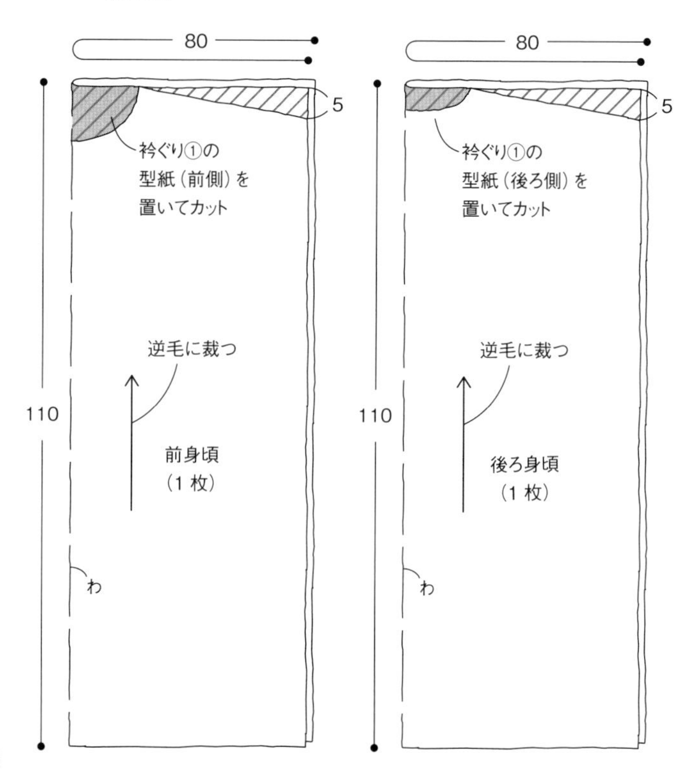

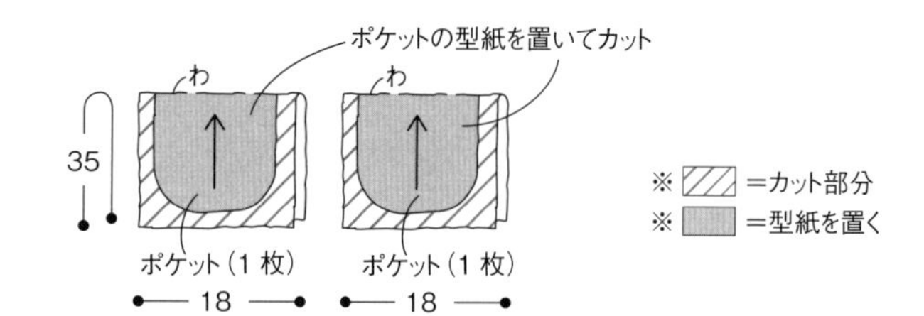

●材料

コットンコーデュロイ
…80 × 110㎝を 2 枚（前後身頃）
18 × 35㎝を 2 枚（ポケット）
1㎝幅のバイアステープ
（ふちどりタイプ、コーデュロイの色と合わせる）
…60㎝
＊布の用尺：110㎝幅 230㎝

型紙 ➜ p76：衿ぐり①　p78：ポケット

●作り方

1 ポケットを作る。
2 肩を縫う。➜ p44 2
3 脇にジグザグミシンをかけ、ポケットをつける。
4 衿ぐりにバイアステープを重ねて縫う。
5 裏に返して、縫い代を倒して縫う。
6 脇を縫う。袖ぐりとスリットを縫い残し、スリットを作る。
7 袖ぐりを縫う。
8 裾を三つ折りにして縫う。

1

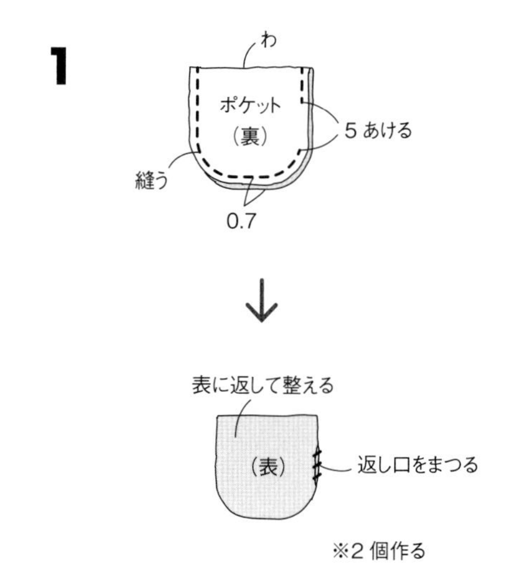

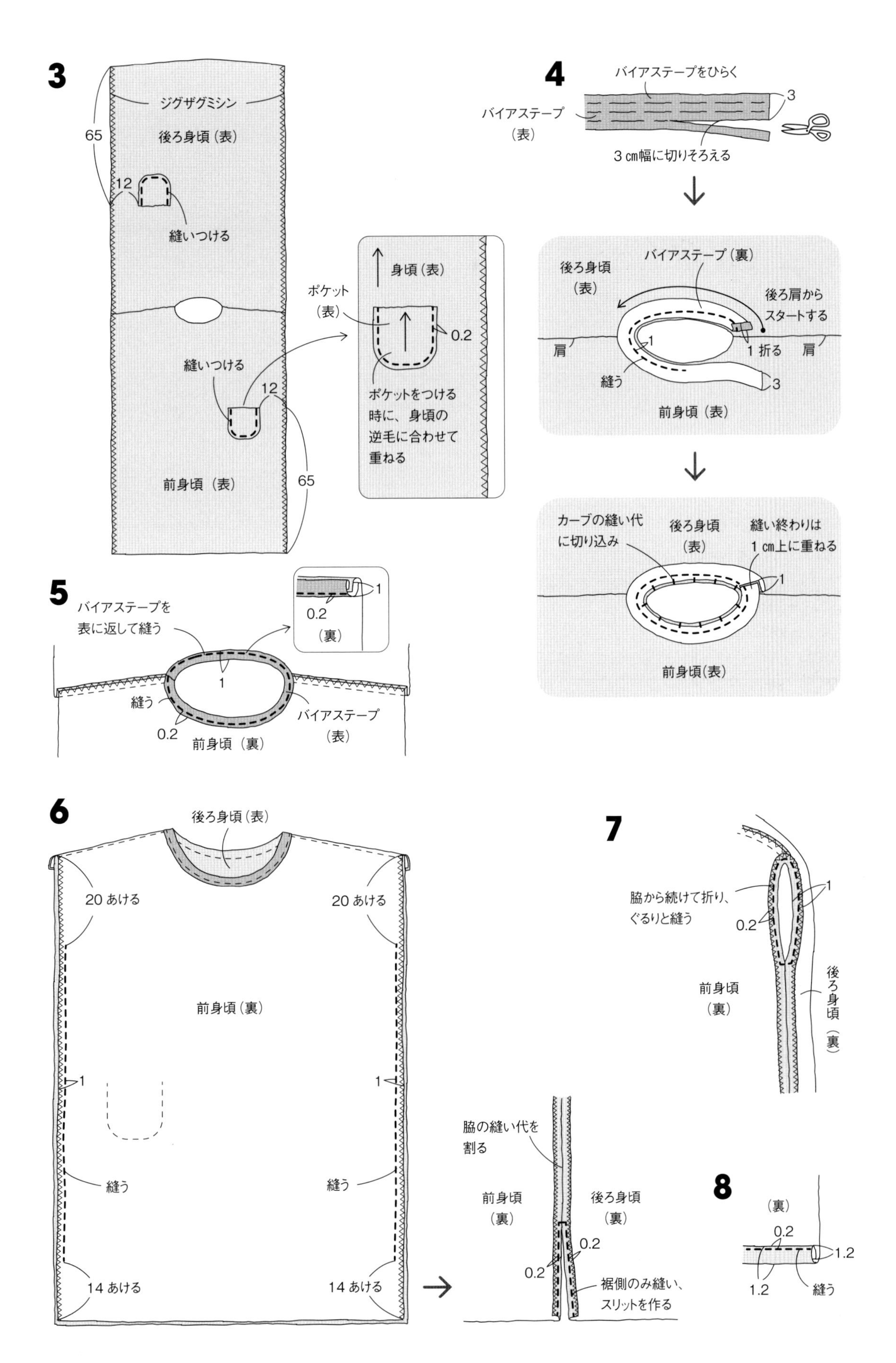
3
ジグザグミシン
65
後ろ身頃（表）
12
縫いつける
ポケット
（表）
身頃（表）
0.2
ポケットをつける
時に、身頃の
逆毛に合わせて
重ねる
縫いつける
12
前身頃（表）
65
4
バイアステープをひらく
バイアステープ
（表）
3
3 cm幅に切りそろえる
後ろ身頃
（表）
バイアステープ（裏）
後ろ肩から
スタートする
肩
1
1 折る
肩
縫う
3
前身頃（表）
カーブの縫い代
に切り込み
後ろ身頃
（表）
縫い終わりは
1 cm上に重ねる
1
前身頃（表）
5
バイアステープを
表に返して縫う
1
0.2
（裏）
1
縫う
0.2
前身頃（裏）
バイアステープ
（表）
6
後ろ身頃（表）
20 あける
20 あける
前身頃（裏）
1
1
縫う
縫う
14 あける
14 あける
7
脇から続けて折り、
ぐるりと縫う
1
0.2
前身頃
（裏）
後ろ身頃（裏）
脇の縫い代を
割る
前身頃
（裏）
後ろ身頃
（裏）
0.2
0.2
裾側のみ縫い、
スリットを作る
8
（裏）
0.2
1.2
1.2
縫う

ロングシャツ②

Photo...... p24

幅 74 × 丈 93㎝

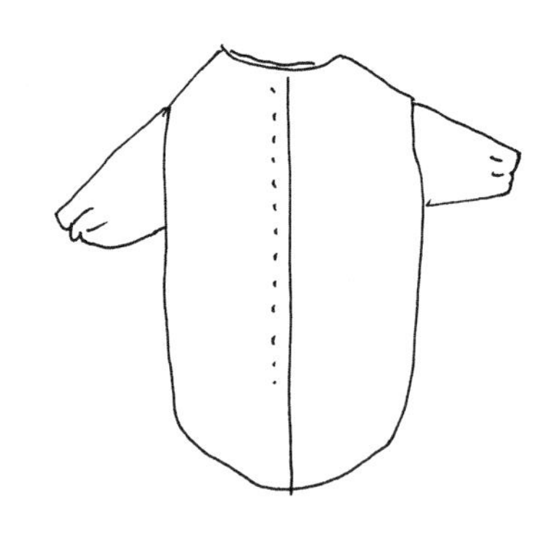

●材料

白のコットン… 42 × 95㎝を 2 枚（前身頃）
76 × 95㎝（後ろ身頃）
47 × 35㎝を 2 枚（袖）
ボタン… 直径 1.2㎝を 13 個
1㎝幅のバイアステープ（ふちどりタイプ白）… 60㎝
ゴムテープ… 1㎝幅 30㎝を 2 本
＊布の用尺：110㎝幅 230㎝

型紙 ➜ p76：衿ぐり②

●作り方

1 前身頃の中心を三つ折りにして縫う。➜ p52 1
2 肩を縫う。➜ p44 2
3 前身頃の裾からぐるりとジグザグミシンをかける。➜ p53 3
4 袖をつける。➜ p47 4
5 袖下を縫う。ゴムテープ通し口を縫い残す。➜ p72 3
6 脇を縫う。➜ p53 6
7 裾を始末する。➜ p53 8
8 袖口を三つ折りにして縫い、ゴムテープを通す。➜ p73 7
9 衿ぐりにバイアステープを重ねて縫う。➜ p53 9
10 裏に返して、縫い代を倒して縫う。➜ p53 10
11 ボタンホールを作り、ボタンをつける。

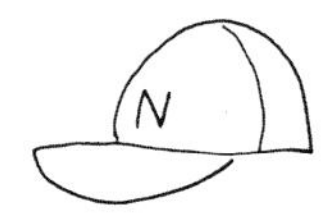

●裁ち方

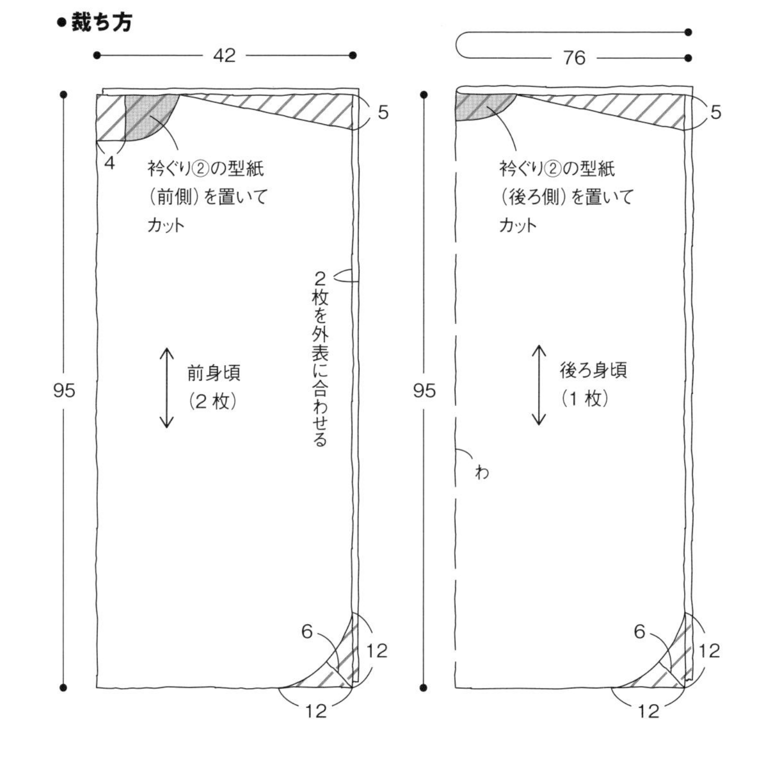

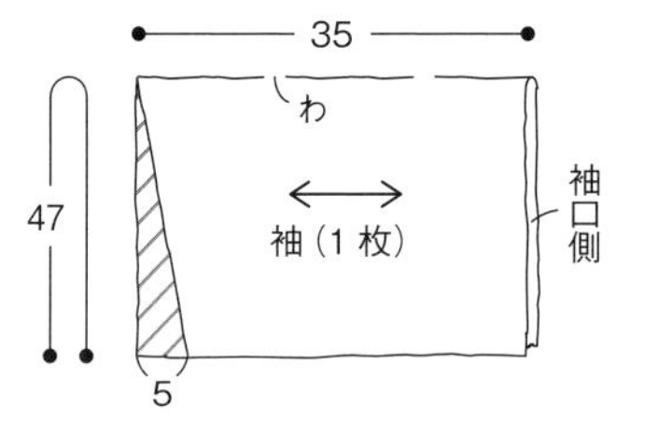

※ ▨＝カット部分
※ ■＝型紙を置く

11

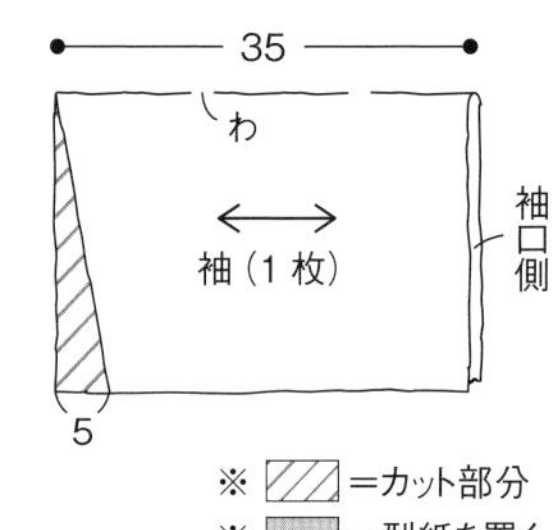

エプロンワンピース

Photo...... p26

幅 98 × 丈 86㎝

●材料

コットンの片耳スカラップ

…90 × 100㎝を 2 枚（身頃）

20 × 17㎝（ポケット）

8 × 160㎝（ひも）

＊布の用尺：110㎝幅 210㎝

●作り方

1 ひもを作る。
2 ポケットを作る。
3 脇を縫う。あきを縫い残す。
4 あきを縫う。
5 上端を三つ折りにして縫う。
6 ポケットを脇線に重ねてつける。
7 ひもを通す。

●裁ち方

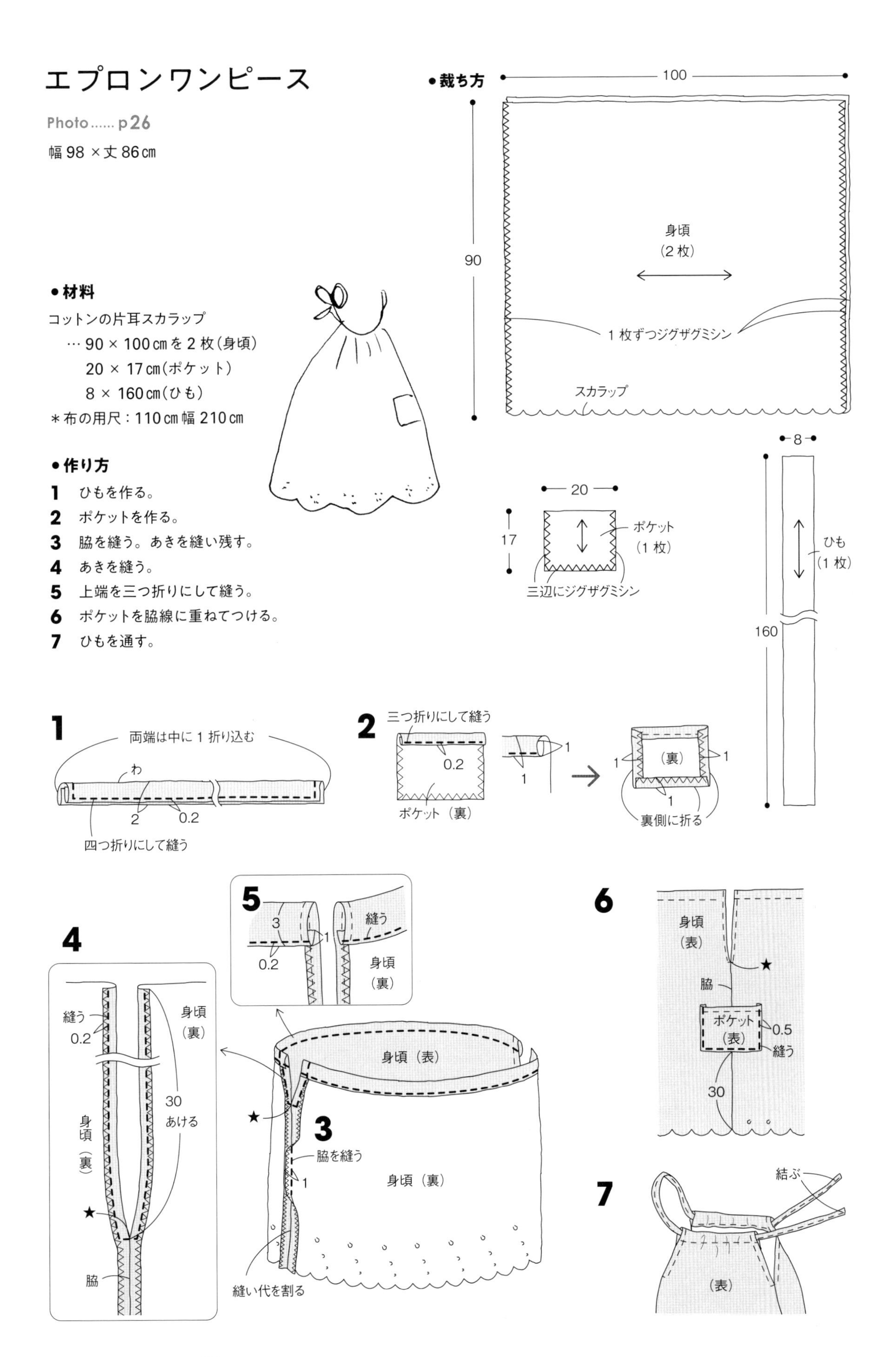

丸衿のポケットブラウス

Photo…… p28

幅 68 × 丈 65㎝

●材料

薄手のコーデュロイ … 70 × 68㎝（前身頃）
35 × 68㎝を 2 枚（後ろ身頃）
55 × 35㎝を 2 枚（袖）
25 × 15㎝を 4 枚（衿）
22 × 18㎝を 2 枚（ポケット）

ボタン … 直径 1.1㎝を 1 個

1㎝幅のバイアステープ
（ふちどりタイプ、コーデュロイの色と合わせる）
… 60㎝

＊ループは残布をバイアスにして作る

＊布の用尺：110㎝幅 180㎝

型紙 ➜ p76：衿ぐり②　p77：衿

●作り方

1 衿を作る。

2 ループを作る。

3 ポケットを作り、前身頃の両脇に合わせてつける。

4 後ろ身頃の中心を縫う。あきとスリットを縫い残し、スリットを作る。

5 肩を縫う。➜ p44 2

6 脇にジグザグミシンをかける。➜ p45 3

7 衿ぐりに衿を重ねて仮止めし、さらにバイアステープを重ねて縫う。

8 あきの右側にループをはさみ、裏に返して、縫い代を倒して縫う。左側にボタンをつける。

9 袖をつける。➜ p47 4

10 袖下を縫う。➜ p47 5

11 脇を縫う。➜ p47 6

12 袖口と裾を三つ折りにして縫う。➜ p47 7

●裁ち方

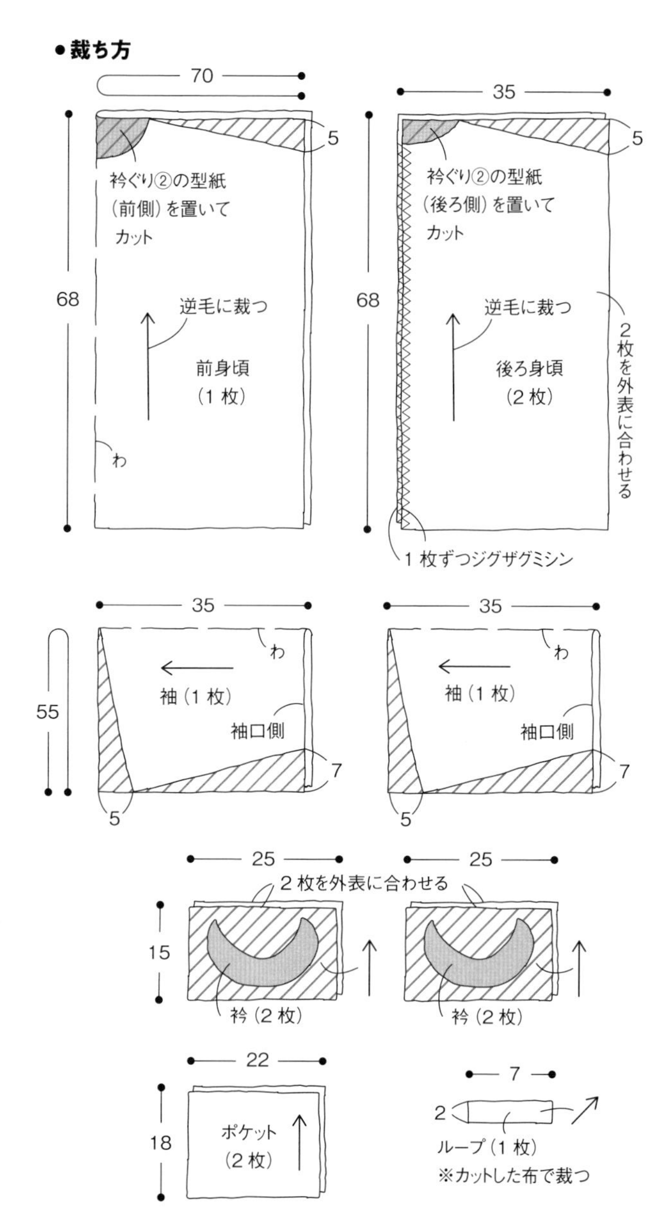

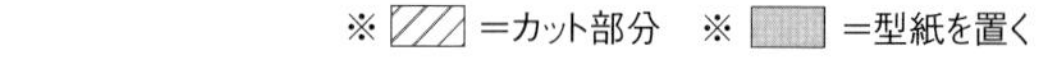

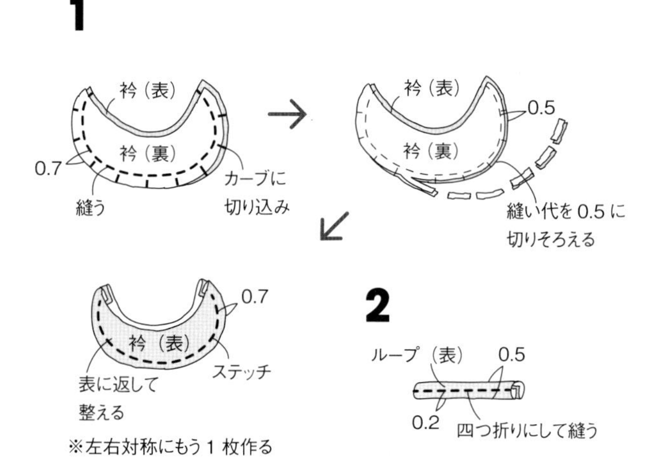

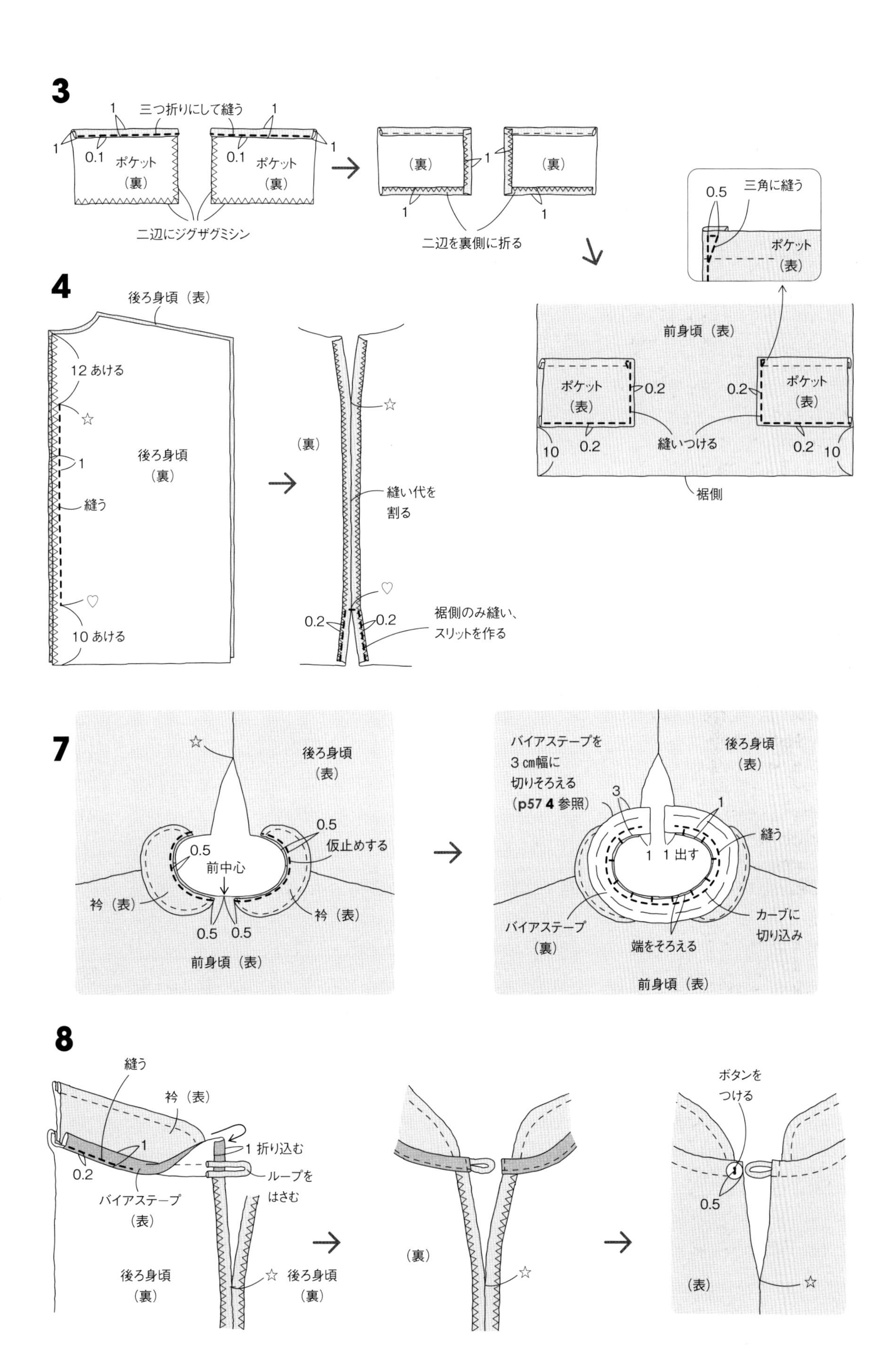
3
1
三つ折りにして縫う
1
1
0.1
ポケット
（裏）
1
0.1
ポケット
（裏）
1
二辺にジグザグミシン
（裏）
1
1
（裏）
1
1
二辺を裏側に折る
0.5
三角に縫う
ポケット
（表）
4
後ろ身頃（表）
12 あける
☆
後ろ身頃
（裏）
1
縫う
♡
10 あける
（裏）
☆
縫い代を
割る
♡
0.2
0.2
裾側のみ縫い、
スリットを作る
前身頃（表）
ポケット
（表）
0.2
0.2
ポケット
（表）
10
0.2
縫いつける
0.2
10
裾側
7
☆
後ろ身頃
（表）
0.5
0.5
仮止めする
前中心
衿（表）
衿（表）
0.5
0.5
前身頃（表）
バイアステープを
3 cm幅に
切りそろえる
（p57 4 参照）
後ろ身頃
（表）
3
1
縫う
1
1 出す
バイアステープ
（裏）
端をそろえる
カーブに
切り込み
前身頃（表）
8
縫う
衿（表）
1
1 折り込む
0.2
ループを
はさむ
バイアステープ
（表）
後ろ身頃
（裏）
☆
後ろ身頃
（裏）
（裏）
☆
ボタンを
つける
0.5
（表）
☆

袖ギャザーブラウス

Photo...... p29

幅 68 × 丈 58.4㎝

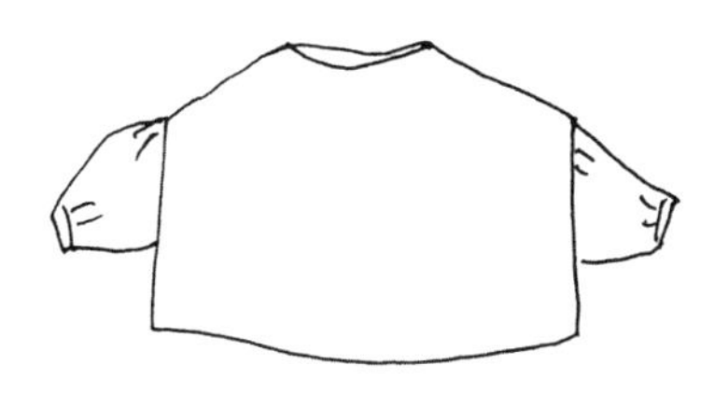

●材料

タナローンのリバティプリント

…70 × 62㎝を 2 枚（前後身頃）

60 × 35㎝を 2 枚（袖）

4 × 28㎝を 2 枚（袖口布）

＊布の用尺：110㎝幅 200㎝

型紙 ➜ p76：衿ぐり④

●作り方

1 前後身頃の衿ぐりをそれぞれ三つ折りにして縫う。

2 肩を縫う。

3 脇と袖にジグザグミシンをかける。

4 袖にギャザー寄せのミシンをかける。

5 袖山にギャザーを寄せ、身頃につける。

6 袖下を縫う。➜ p47 5

7 脇を縫う。➜ p47 6

8 裾を三つ折りにして縫う。➜ p47 7

9 袖口布を輪にする。

10 袖口のギャザーを寄せ、袖口布をつける。

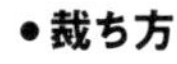

●裁ち方

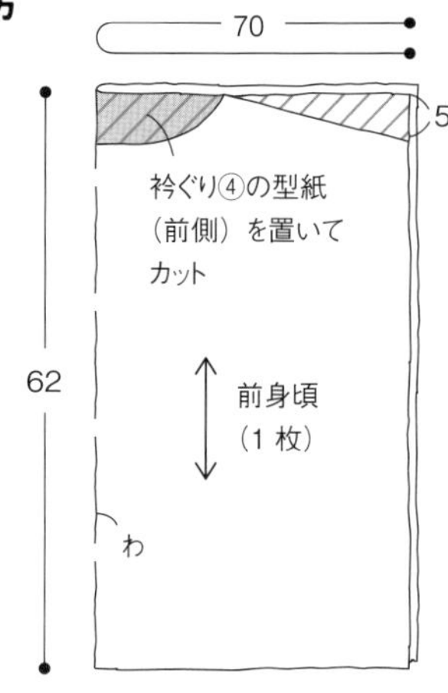

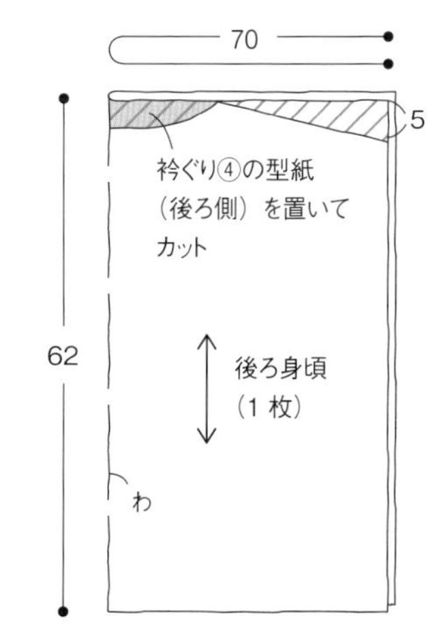

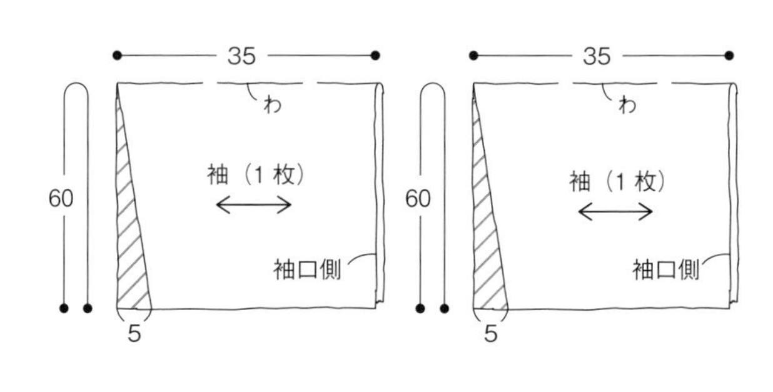

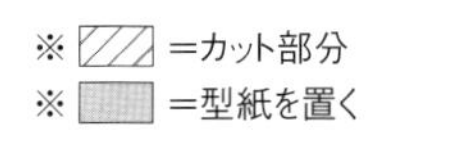

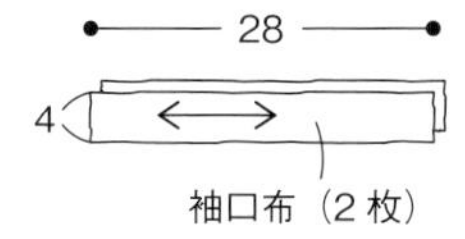

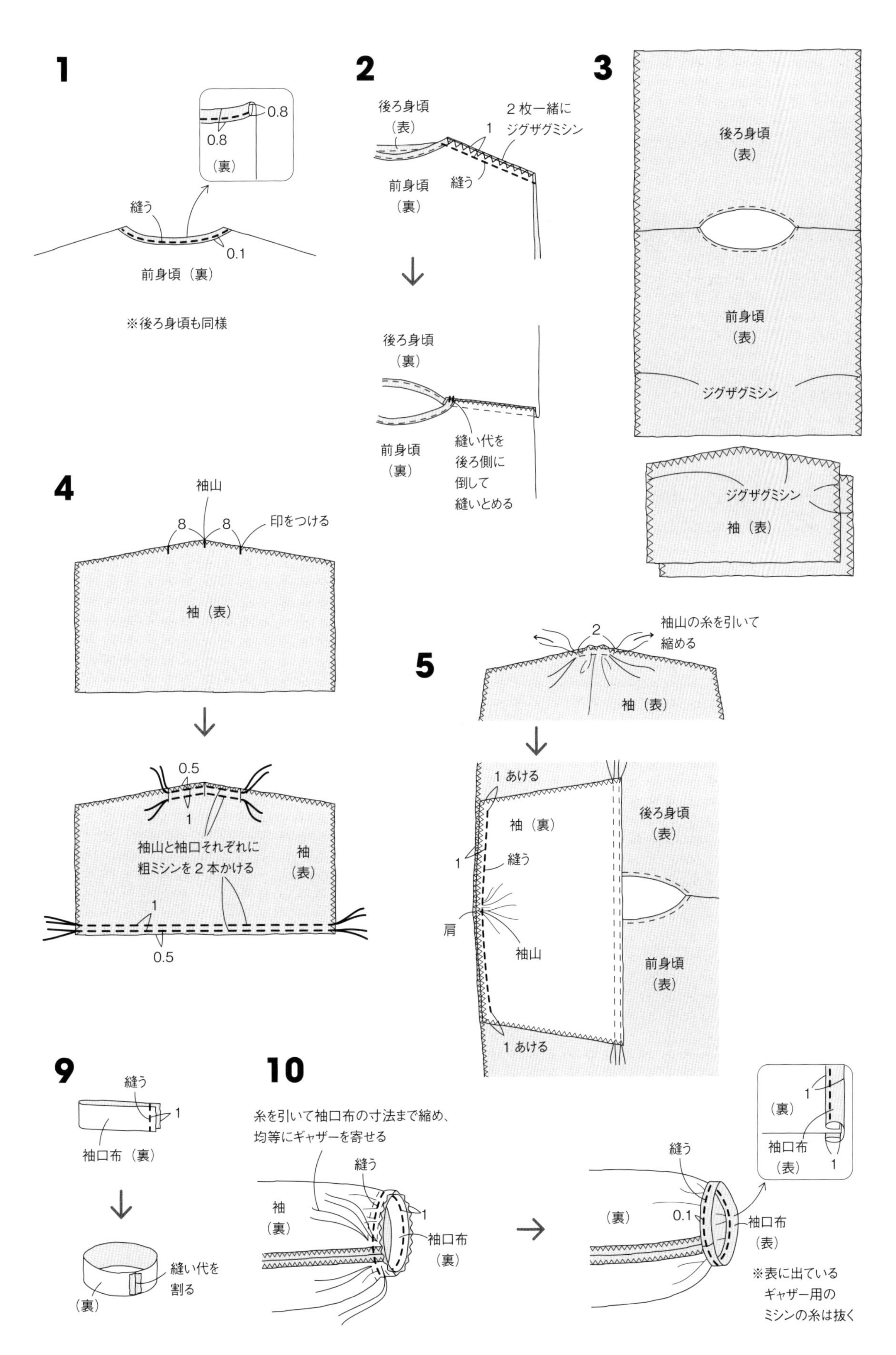
1
0.8
0.8
（裏）
縫う
0.1
前身頃（裏）
※後ろ身頃も同様
2
後ろ身頃
（表）
2枚一緒に
ジグザグミシン
1
縫う
前身頃
（裏）
後ろ身頃
（裏）
前身頃
（裏）
縫い代を
後ろ側に
倒して
縫いとめる
3
後ろ身頃
（表）
前身頃
（表）
ジグザグミシン
ジグザグミシン
袖（表）
4
袖山
8
8
印をつける
袖（表）
0.5
1
袖山と袖口それぞれに
粗ミシンを２本かける
袖
（表）
1
0.5
5
2
袖山の糸を引いて
縮める
袖（表）
1あける
袖（裏）
後ろ身頃
（表）
1
縫う
肩
袖山
前身頃
（表）
1あける
9
縫う
1
袖口布（裏）
縫い代を
割る
（裏）
10
糸を引いて袖口布の寸法まで縮め、
均等にギャザーを寄せる
縫う
袖
（裏）
1
袖口布
（裏）
1
（裏）
袖口布
（表）
1
縫う
（裏）
0.1
袖口布
（表）
※表に出ている
ギャザー用の
ミシンの糸は抜く

うしろリボンの ギャザーブラウス

Photo...... p30

幅 88 × 丈 65㎝

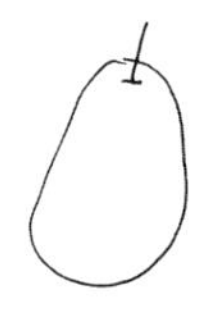

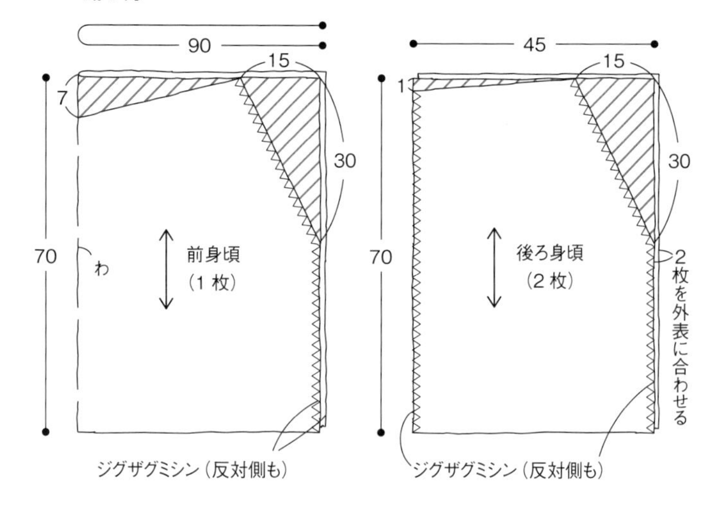

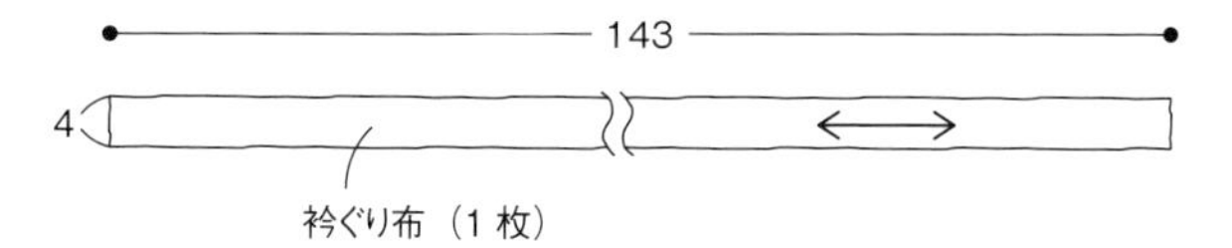

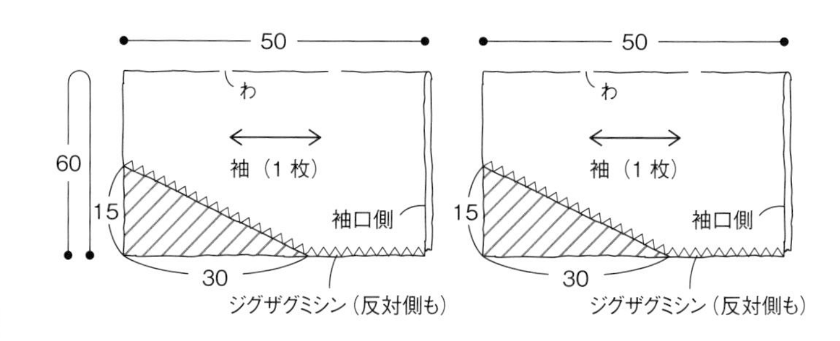

●材料

リネン … 90 × 70㎝（前身頃）
45 × 70㎝を 2 枚（後ろ身頃）
60 × 50㎝を 2 枚（袖）
4 × 143㎝（衿ぐり布）

＊布の用尺：110㎝幅 250㎝

●作り方

1 後ろ身頃の中心を縫う。あきを縫い残し、作る。
2 前身頃と袖を中表に縫い合わせる。
3 後ろ身頃と袖を縫い合わせる。
4 袖下を縫う。
5 脇を縫う。
6 袖口と裾を三つ折りにして縫う。
7 衿ぐりにギャザー寄せのミシンをかけ、指定の寸法までギャザーを寄せる。
8 衿ぐりに衿ぐり布を中表に重ねて縫う。
9 衿ぐり布を裏に折り、衿ぐりをくるんで表から縫う。さらにリボン部分も続けて縫う。

1

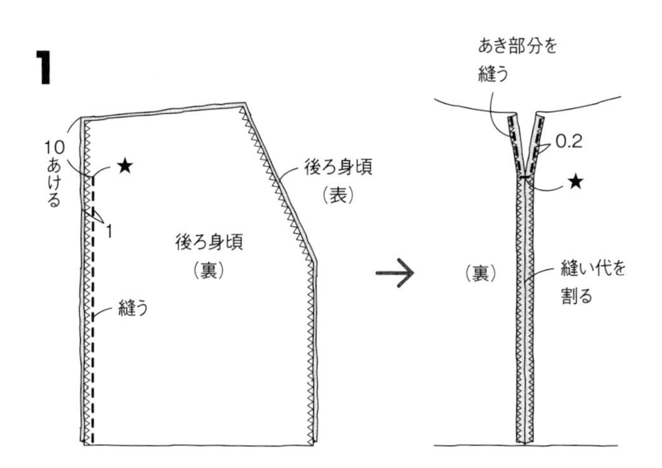

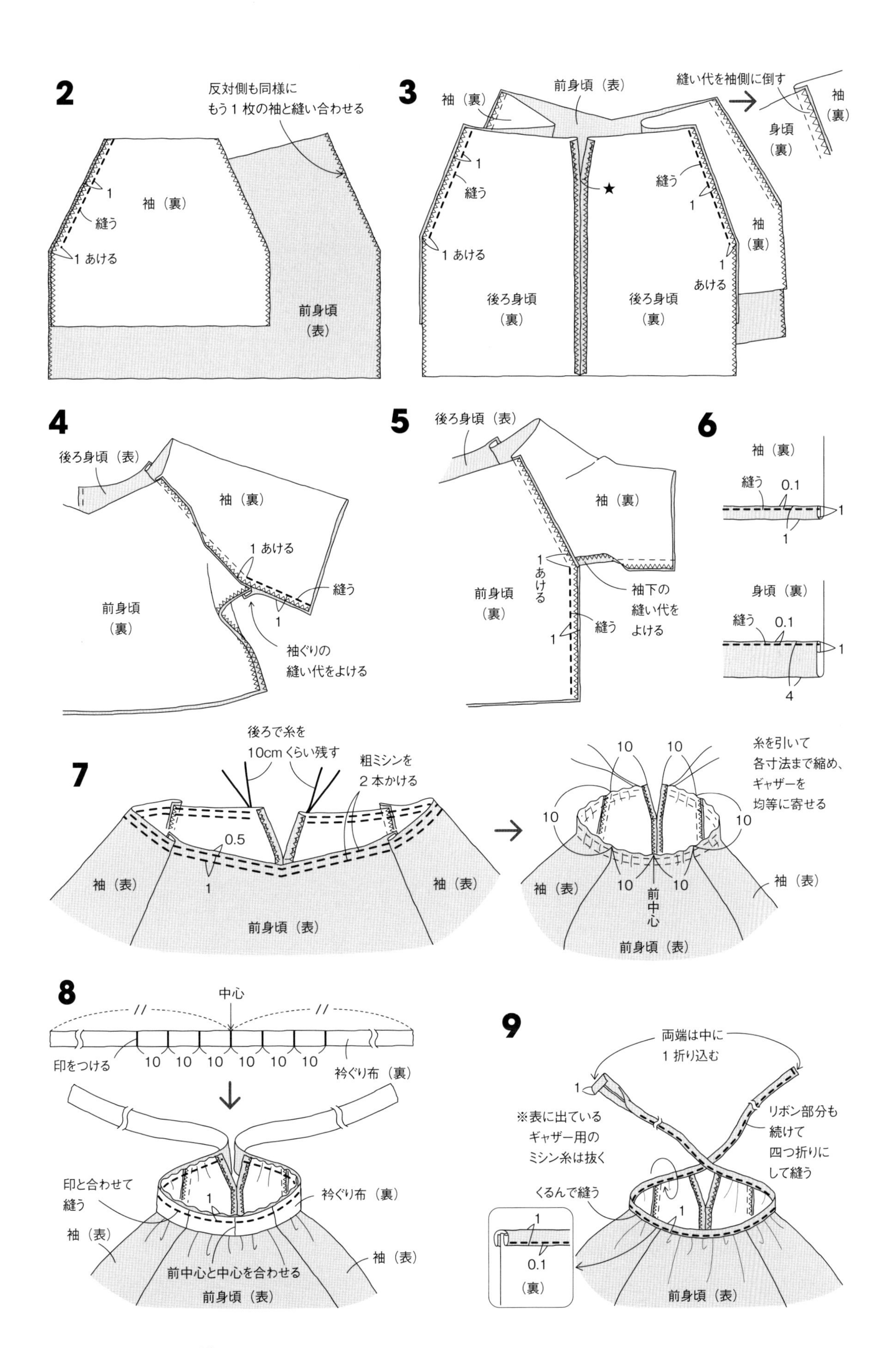
2
反対側も同様に
もう１枚の袖と縫い合わせる
1
袖（裏）
縫う
1 あける
前身頃
（表）
3
前身頃（表）
袖（裏）
縫い代を袖側に倒す
袖
（裏）
身頃
（裏）
1
縫う
★
縫う
1
袖
（裏）
1 あける
1
あける
後ろ身頃
（裏）
後ろ身頃
（裏）
4
後ろ身頃（表）
袖（裏）
1 あける
縫う
1
前身頃
（裏）
袖ぐりの
縫い代をよける
5
後ろ身頃（表）
袖（裏）
1
あける
前身頃
（裏）
袖下の
縫い代を
よける
縫う
1
6
袖（裏）
縫う
0.1
1
1
身頃（裏）
縫う
0.1
1
4
7
後ろで糸を
10cm くらい残す
粗ミシンを
2 本かける
0.5
1
袖（表）
袖（表）
前身頃（表）
10
10
糸を引いて
各寸法まで縮め、
ギャザーを
均等に寄せる
10
10
袖（表）
10
前
中
心
10
袖（表）
前身頃（表）
8
中心
//
//
印をつける
10
10
10
10
10
10
衿ぐり布（裏）
印と合わせて
縫う
1
衿ぐり布（裏）
袖（表）
袖（表）
前中心と中心を合わせる
前身頃（表）
9
両端は中に
1 折り込む
1
※表に出ている
ギャザー用の
ミシン糸は抜く
リボン部分も
続けて
四つ折りに
して縫う
くるんで縫う
1
1
0.1
（裏）
前身頃（表）

リネンコート

Photo...... p32

幅 132（左袖口から右袖口まで）×丈 96㎝

●材料

厚手リネン… 140 × 200㎝
2㎝幅のバイアステープ
（ふちどりタイプ、青のストライプ柄）… 60㎝

型紙 ➜ p76：衿ぐり⑤　p79：ポケット上下

●作り方

1 ポケットを作り、つける。
2 肩を縫う。
3 ポケットをはさみながら、脇を縫う。
4 袖ぐりを三つ折りにして縫う。
5 後ろ身頃の中心にタックを寄せて縫う。
6 前身頃の中心を三つ折りにして縫う。
7 衿ぐりにバイアステープを重ねて縫う。
8 裏に返して、縫い代を倒して縫う。
9 裾を三つ折りにして縫う。

●裁ち方

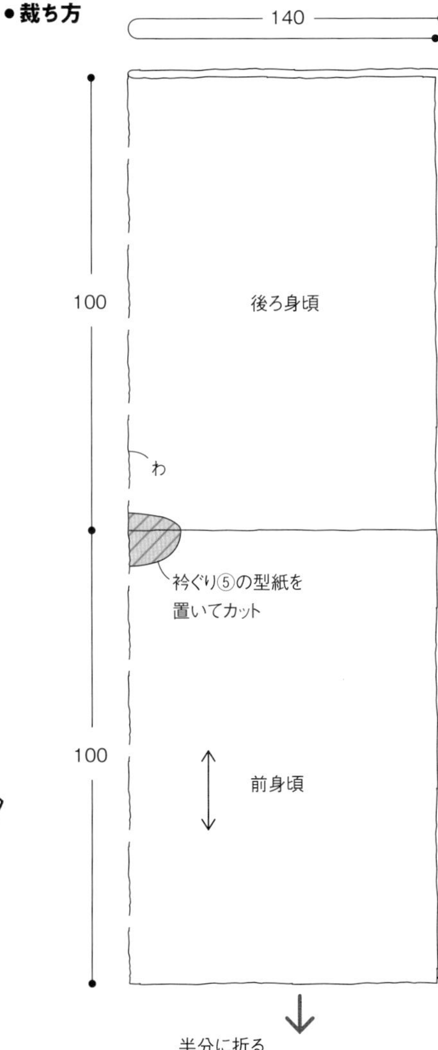

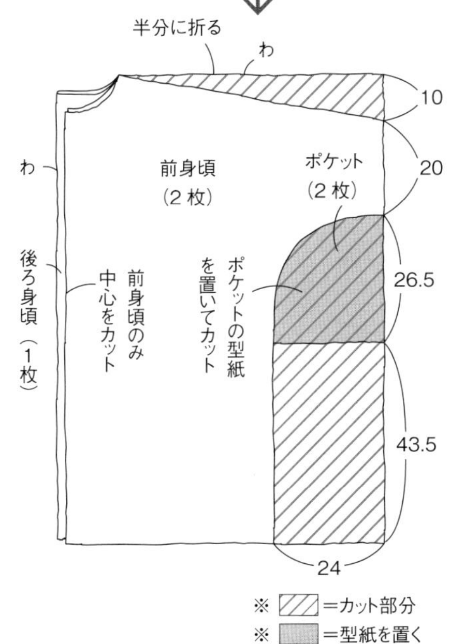

1

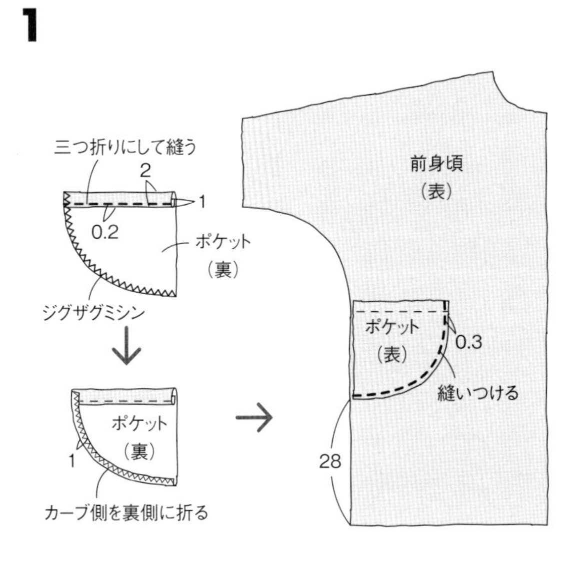

※反対側も同様に作る

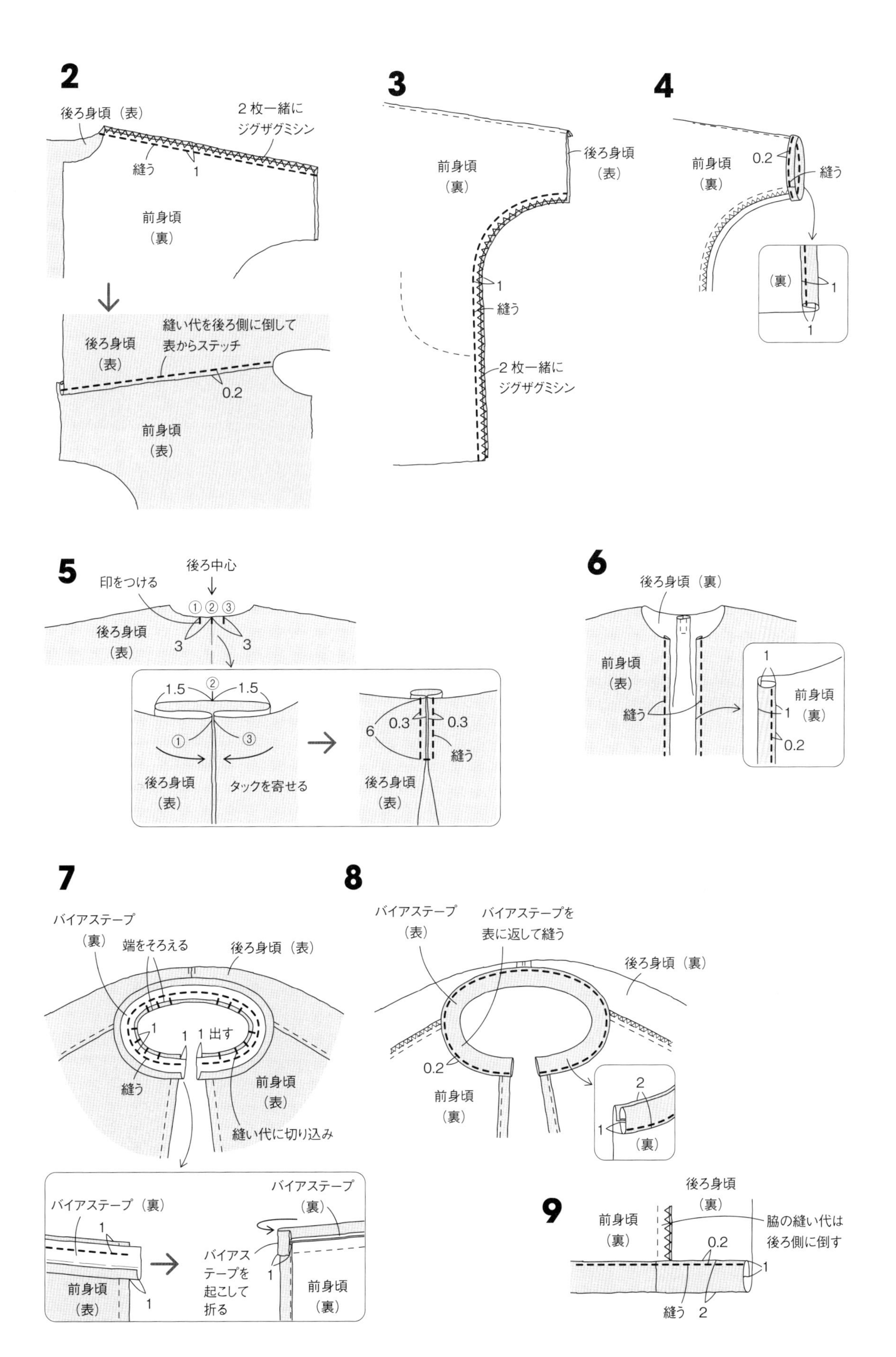
2
後ろ身頃（表）
2枚一緒に
ジグザグミシン
縫う
1
前身頃
（裏）
後ろ身頃
（表）
縫い代を後ろ側に倒して
表からステッチ
0.2
前身頃
（表）
3
前身頃
（裏）
後ろ身頃
（表）
1
縫う
2枚一緒に
ジグザグミシン
4
前身頃
（裏）
0.2
縫う
（裏）
1
1
5
後ろ中心
印をつける
①②③
後ろ身頃
（表）
3
3
1.5
②
1.5
①
③
後ろ身頃
（表）
タックを寄せる
6
0.3
0.3
縫う
後ろ身頃
（表）
6
後ろ身頃（裏）
前身頃
（表）
縫う
1
前身頃
（裏）
1
0.2
7
バイアステープ
（裏）
端をそろえる
後ろ身頃（表）
1
1
1出す
縫う
前身頃
（表）
縫い代に切り込み
バイアステープ（裏）
1
前身頃
（表）
1
バイアステープ
（裏）
バイアス
テープを
起こして
折る
1
前身頃
（裏）
8
バイアステープ
（表）
バイアステープを
表に返して縫う
後ろ身頃（裏）
0.2
前身頃
（裏）
2
1
（裏）
9
後ろ身頃
（裏）
前身頃
（裏）
脇の縫い代は
後ろ側に倒す
0.2
1
縫う
2

プリーツスカート

Photo...... p34

丈 83.5㎝

●裁ち方

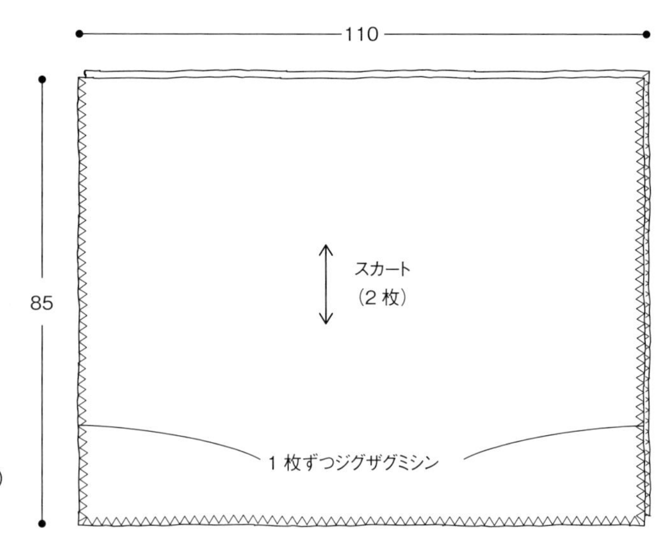

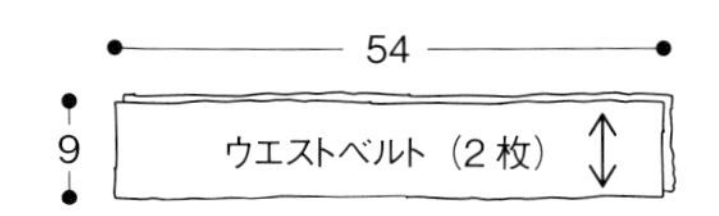

●材料

厚手のコットン … 110 × 85㎝を 2 枚(スカート)
54 × 9㎝を 2 枚(ウエストベルト)
ゴムテープ … 2㎝幅 65㎝(長さは目安)
＊布の用尺:110㎝幅 190㎝

●作り方

1 前後スカートともにプリーツを 7 本作り、仮止めする。
2 前後スカートを中表にして、脇を縫う。
3 ウエストベルトを作る。その際片側にゴムテープ通し口を縫い残す。
4 スカートにウエストベルトを重ねて縫う。
5 ベルトを裏に折り返して形を整え、縫う。
6 ゴムテープを通し、端を重ねて縫う。
7 裾を二つ折りにして縫う。

1

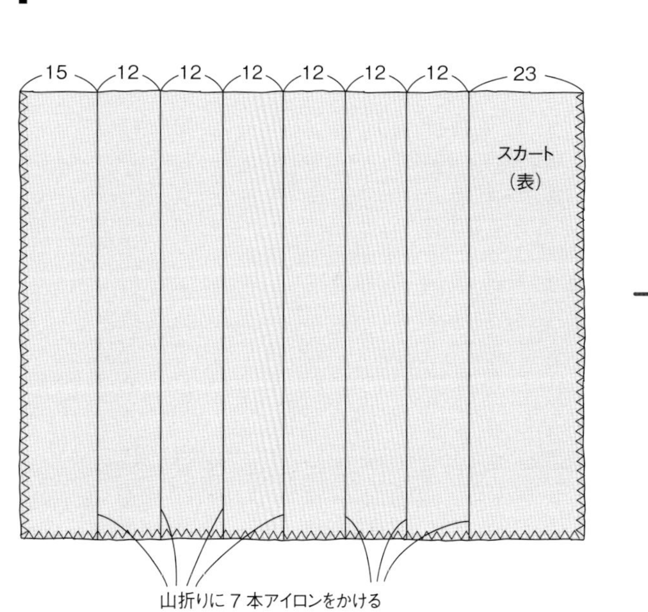

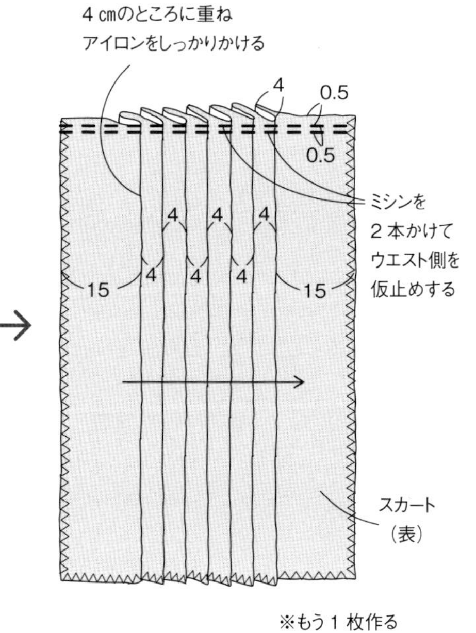

※もう 1 枚作る

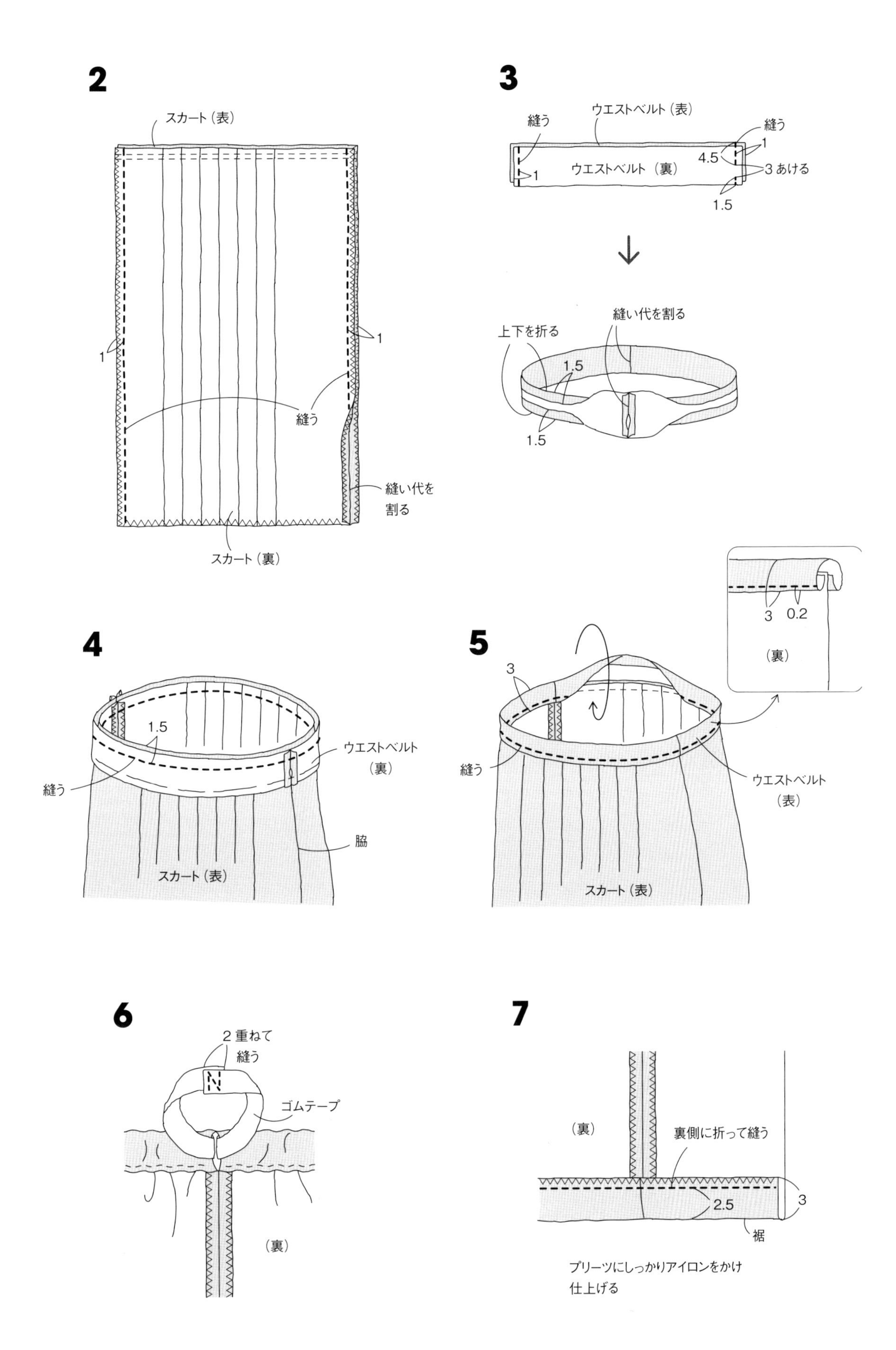
2
スカート（表）
1
1
縫う
縫い代を
割る
スカート（裏）
3
ウエストベルト（表）
縫う
縫う
1
4.5
ウエストベルト（裏）
3 あける
1
1.5
縫い代を割る
上下を折る
1.5
1.5
4
1.5
ウエストベルト
（裏）
縫う
脇
スカート（表）
5
3
0.2
3
（裏）
縫う
ウエストベルト
（表）
スカート（表）
6
2 重ねて
縫う
ゴムテープ
（裏）
7
（裏）
裏側に折って縫う
2.5
3
裾
プリーツにしっかりアイロンをかけ
仕上げる

シンプルワンピース

Photo...... p35

幅 73 × 丈 102 cm

●材料

コットン … 75 × 105 cm（前身頃）
37.5 × 105 cm を 2 枚（後ろ身頃）
30 × 25 cm（見返し）
40 × 30 cm を 2 枚（袖）
19 × 38 cm を 2 枚（ポケット）

接着芯 … 30 × 25 cm（見返し）

ボタン … 直径 1.4 cm を 1 個

＊ループは残布をバイアスにして作る

＊布の用尺：110 cm 幅 250 cm

型紙 ➜ p76：衿ぐり② p77：見返し

●作り方

1 後ろ身頃の中心を縫う。あきとスリットを縫い残し、スリットを作る。➜ p42 1 ただし寸法は裁ち方図参照。
2 ポケットを作り、つける。
3 肩を縫う。➜ p44 2
4 脇にジグザグミシンをかける。➜ p45 3
5 あきの右側にループをはさみ、衿ぐりに見返しを重ねて縫う。次に見返しを表に返して整える。➜ p45 5
6 袖をつける。➜ p47 4
7 袖下を縫う。➜ p47 5
8 脇を縫う。➜ p47 6
9 袖口と裾を三つ折りにして縫う。➜ p47 7
10 あきの左側にボタンをつける。➜ p45 9

●裁ち方

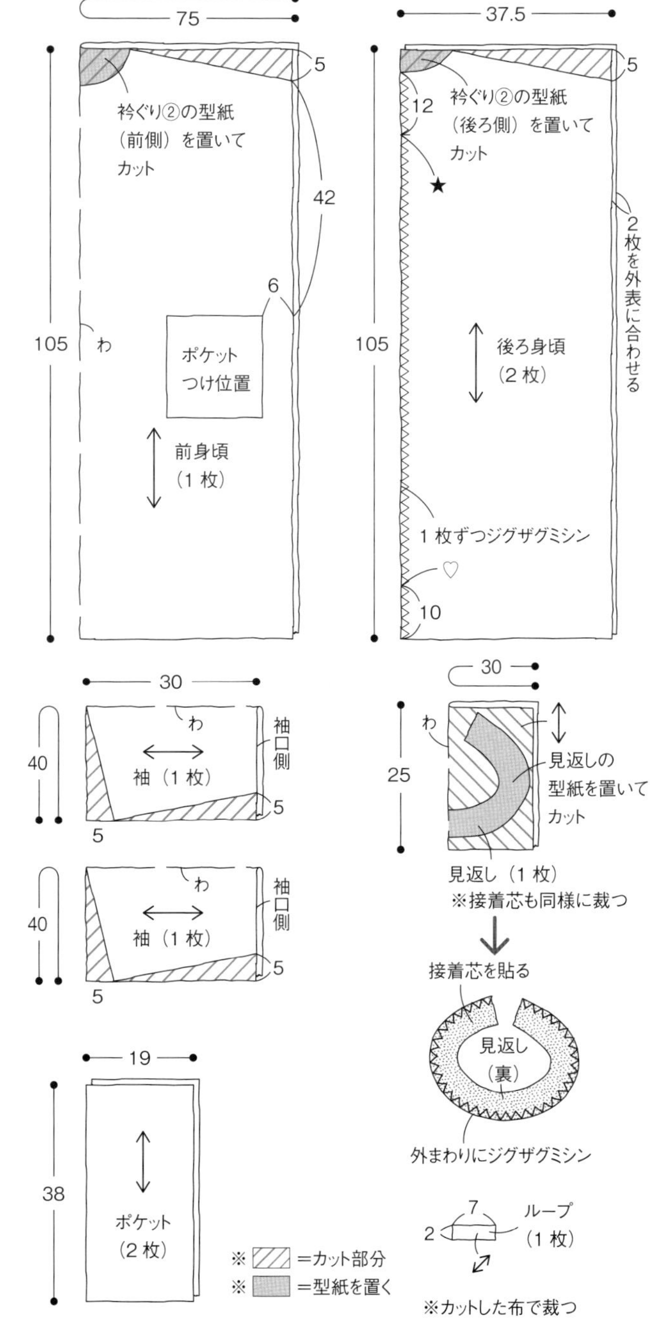

2

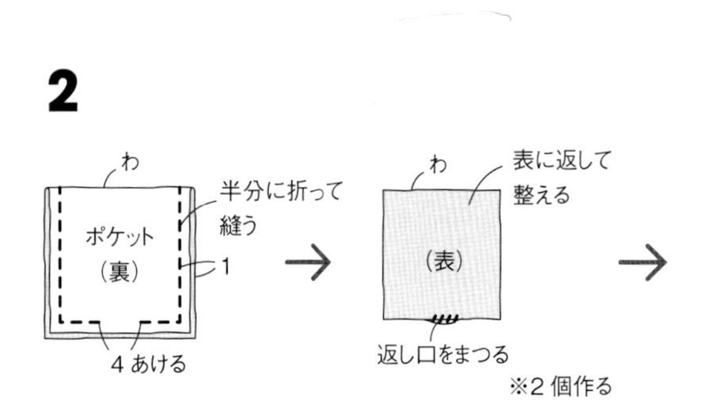

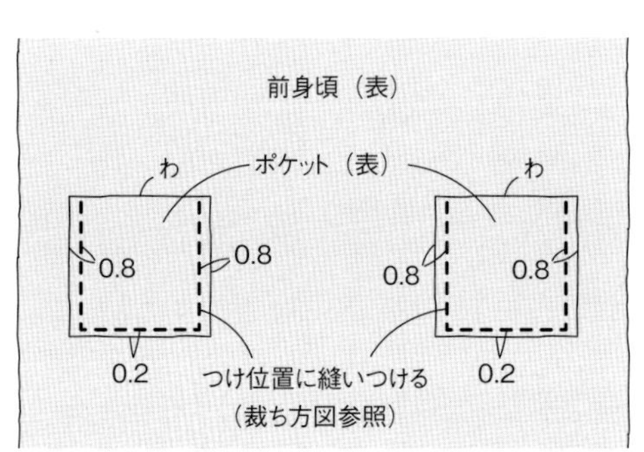

タータンチェックのパンツ

Photo...... p38

丈 98㎝

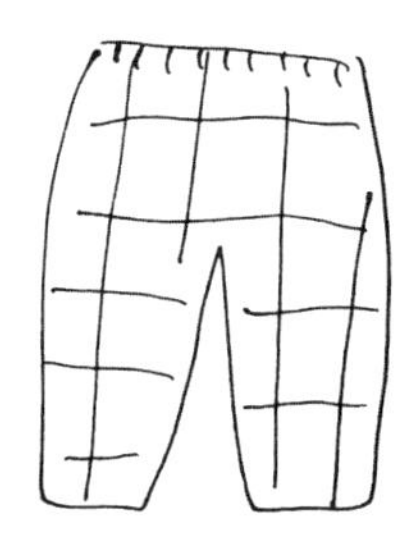

● 材料

ウールのチェック … 75 × 105㎝を 2 枚
ゴムテープ … 2㎝幅 70㎝(長さは目安)
＊チェックの布は左右のパンツで柄を合わせる。
75 × 105㎝ 2 枚の柄の縦横ラインが同じになるように用意する。

型紙 ➜ p78：前股ぐり、後ろ股ぐり

● 裁ち方

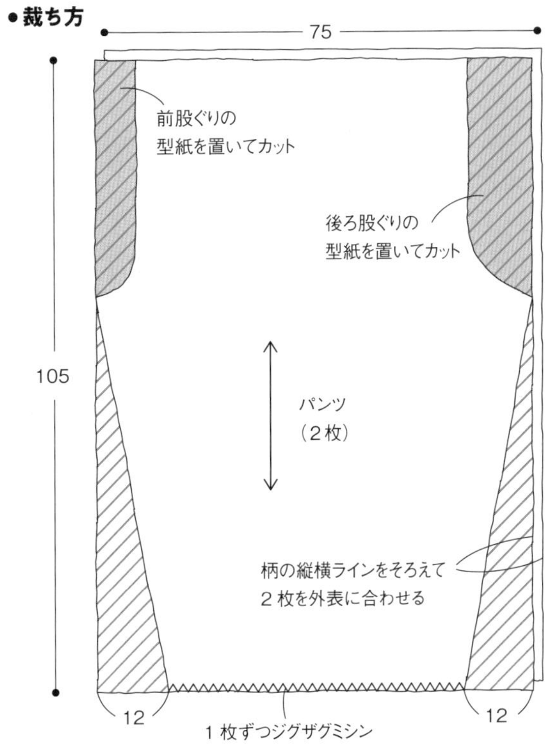

● 作り方

1 股下を縫う。
2 左右のパンツを合わせて、股ぐりを縫う。
3 裾を始末する。
4 ウエストを三つ折りにして縫う。ゴムテープ通し口を縫い残す。
5 ゴムテープを通し、端を重ねて縫う。

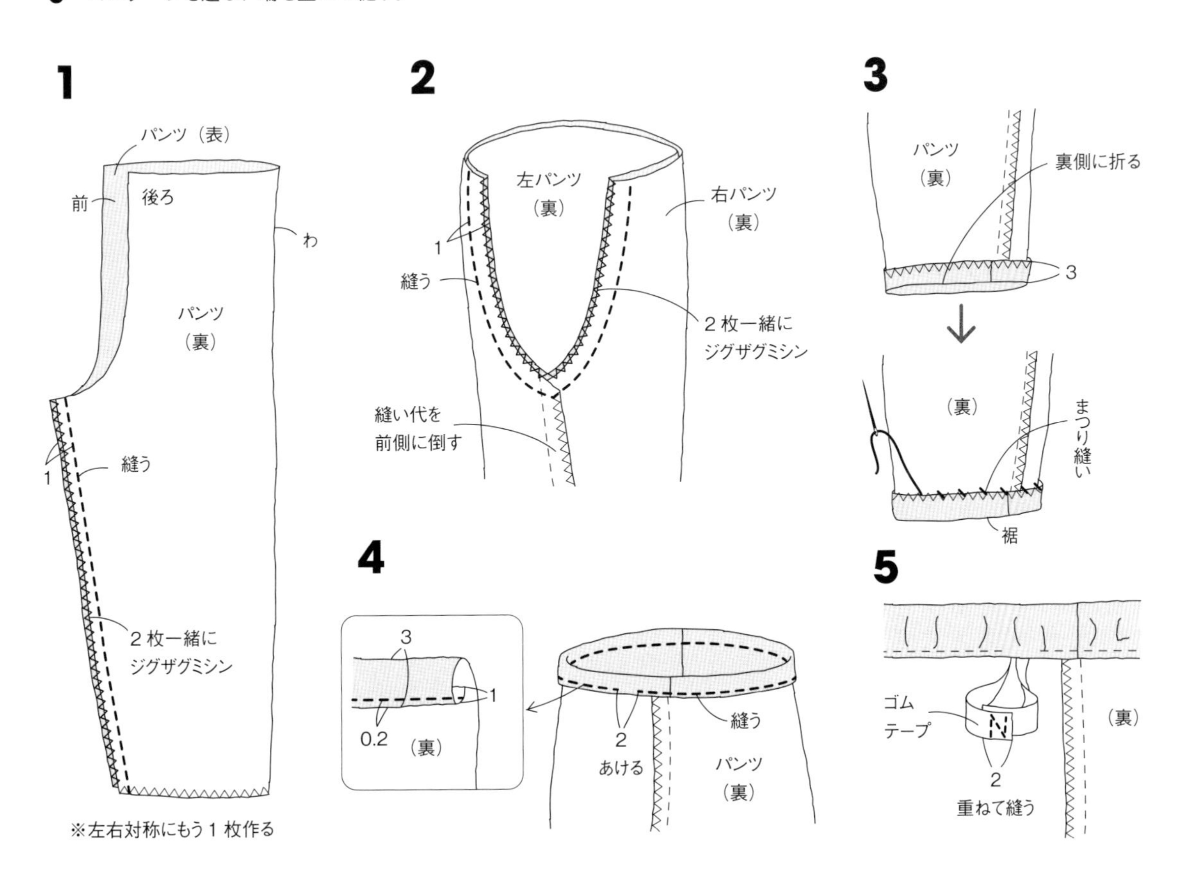

リネンのかっぽう着

Photo...... p36

幅 78 × 丈 76㎝

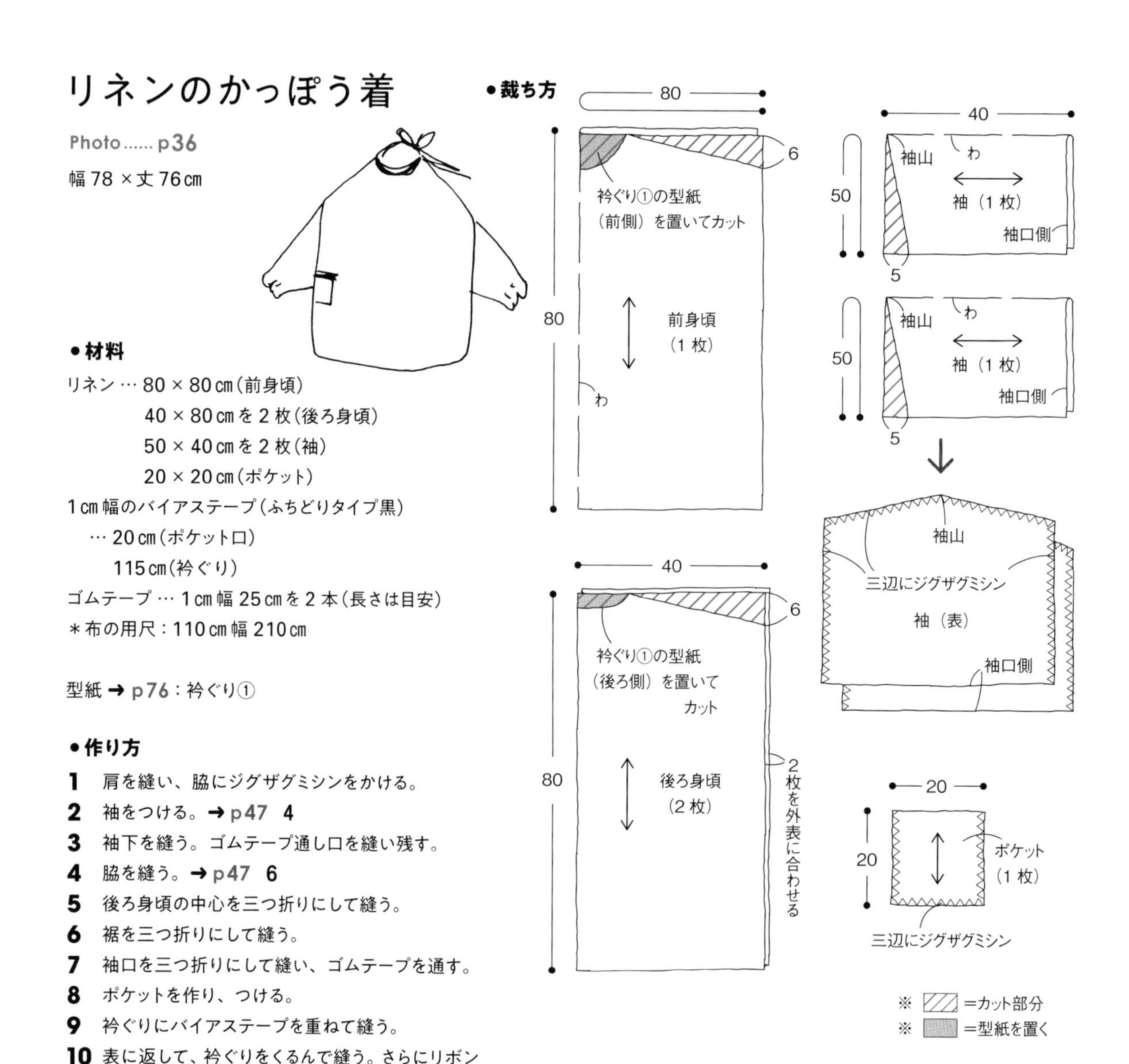

●材料

リネン … 80 × 80㎝（前身頃）
40 × 80㎝を 2 枚（後ろ身頃）
50 × 40㎝を 2 枚（袖）
20 × 20㎝（ポケット）
1㎝幅のバイアステープ（ふちどりタイプ黒）
… 20㎝（ポケット口）
115㎝（衿ぐり）
ゴムテープ … 1㎝幅 25㎝を 2 本（長さは目安）
＊布の用尺：110㎝幅 210㎝

型紙 ➜ p76：衿ぐり①

●作り方

1 肩を縫い、脇にジグザグミシンをかける。
2 袖をつける。➜ p47 4
3 袖下を縫う。ゴムテープ通し口を縫い残す。
4 脇を縫う。➜ p47 6
5 後ろ身頃の中心を三つ折りにして縫う。
6 裾を三つ折りにして縫う。
7 袖口を三つ折りにして縫い、ゴムテープを通す。
8 ポケットを作り、つける。
9 衿ぐりにバイアステープを重ねて縫う。
10 表に返して、衿ぐりをくるんで縫う。さらにリボン部分も続けて縫う。

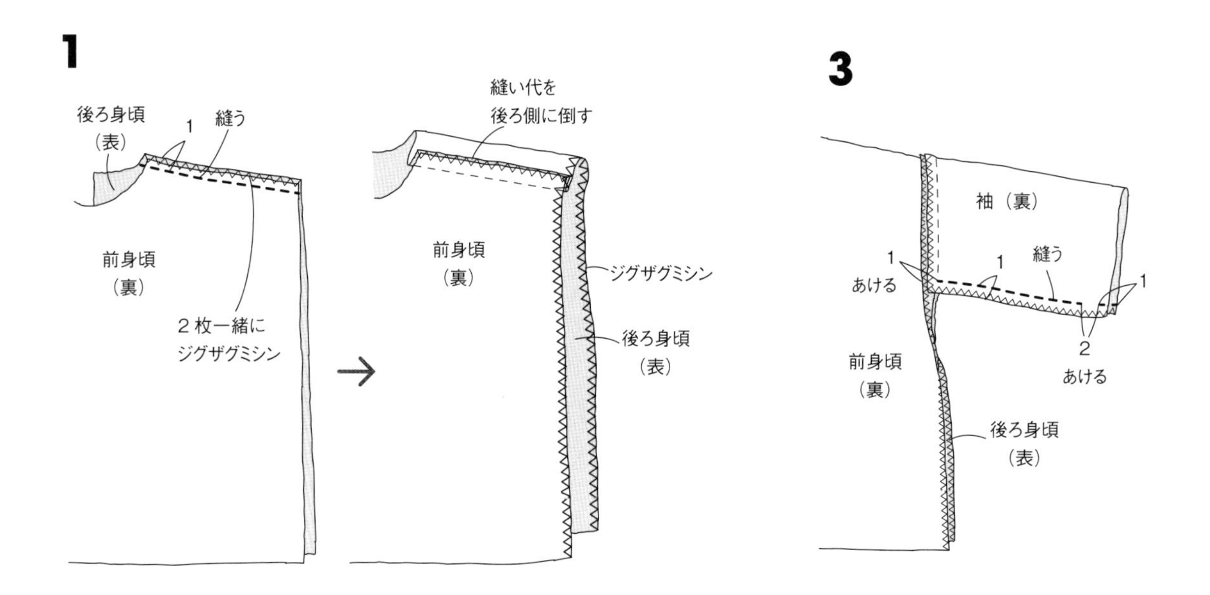

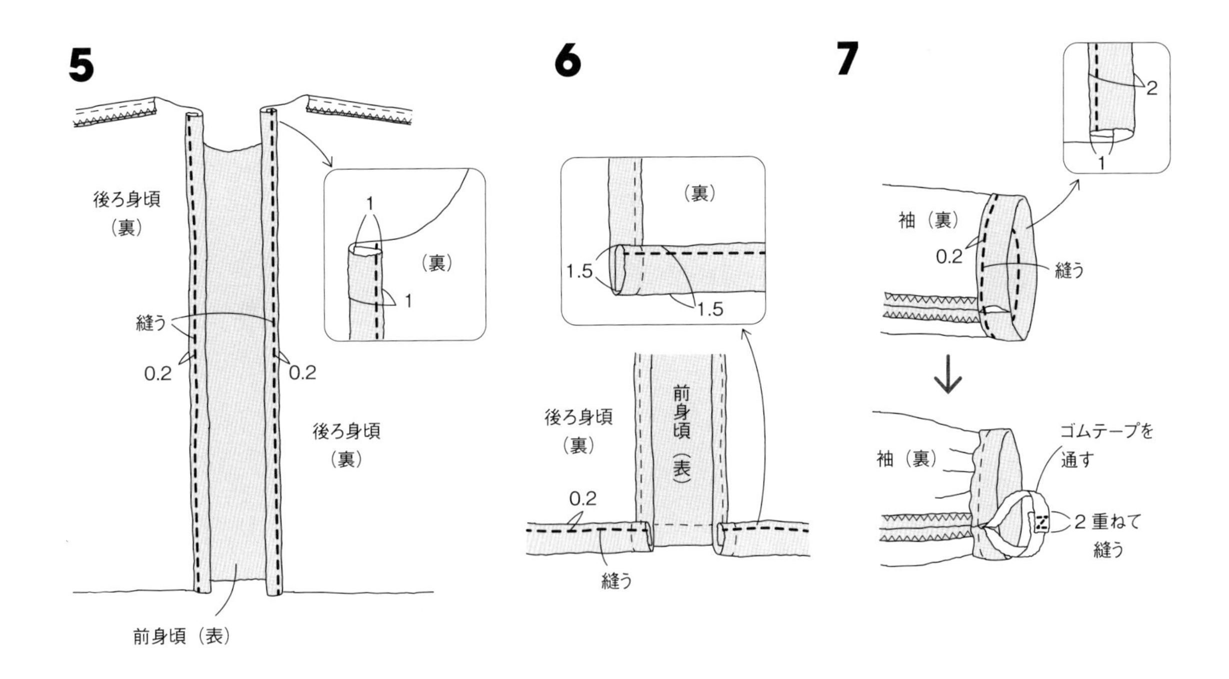
5
後ろ身頃
（裏）
1
（裏）
1
縫う
0.2
0.2
後ろ身頃
（裏）
前身頃（表）
6
（裏）
1.5
1.5
後ろ身頃
（裏）
前身頃（表）
0.2
縫う
7
2
1
袖（裏）
0.2
縫う
袖（裏）
ゴムテープを
通す
2重ねて
縫う

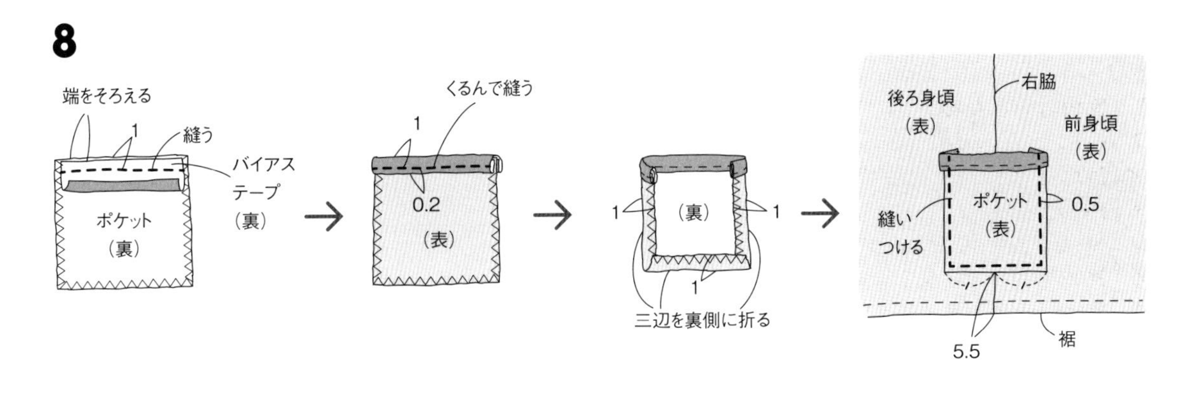
8
端をそろえる
1
縫う
バイアス
テープ
（裏）
ポケット
（裏）
くるんで縫う
1
0.2
（表）
1
（裏）
1
1
三辺を裏側に折る
右脇
後ろ身頃
（表）
前身頃
（表）
ポケット
（表）
0.5
縫い
つける
5.5
裾

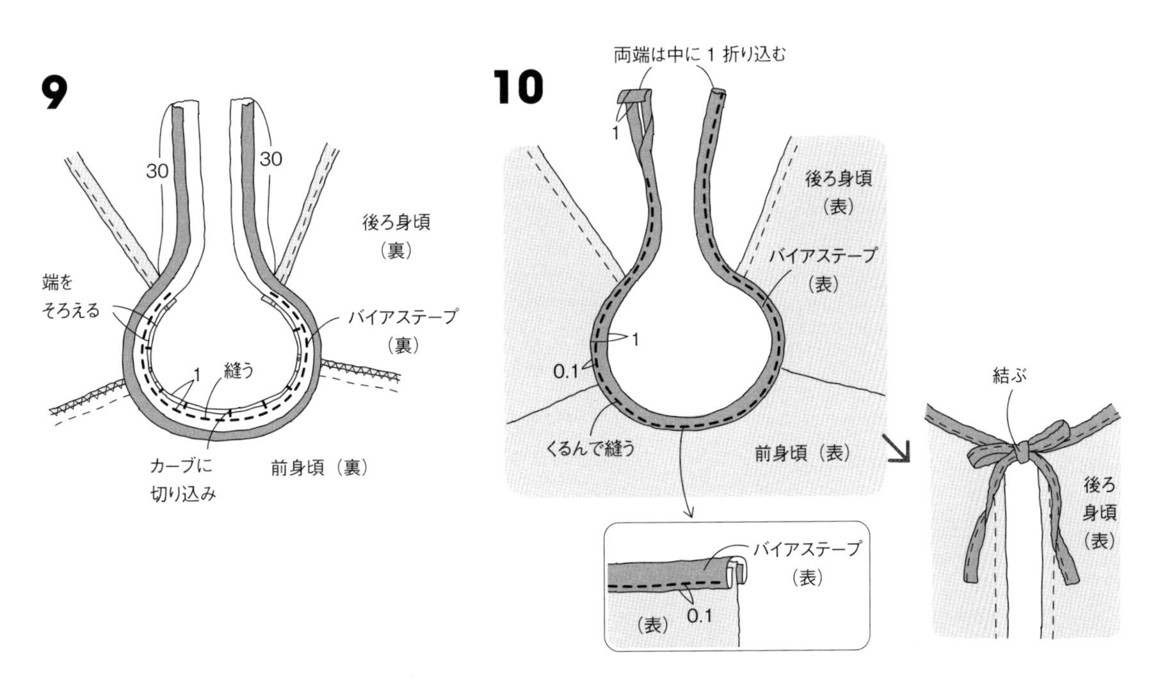
9
30
30
後ろ身頃
（裏）
端を
そろえる
バイアステープ
（裏）
1
縫う
カーブに
切り込み
前身頃（裏）
10
両端は中に1折り込む
1
後ろ身頃
（表）
バイアステープ
（表）
1
0.1
くるんで縫う
前身頃（表）
バイアステープ
（表）
（表）
0.1
結ぶ
後ろ
身頃
（表）

パイピングのBIGコート

Photo...... p40

幅 142(左袖口から右袖口まで) × 丈 112㎝

●材料

厚手のコットン … 55 × 113㎝を 2 枚(前身頃)
110 × 113㎝(後ろ身頃)
48 × 20㎝を 2 枚(袖)
18 × 35㎝を 2 枚(ポケット)
62 × 62㎝(パイピング布)
＊布の用尺:110㎝幅 320㎝

型紙 ➜ p76:衿ぐり⑤ p78:ポケット
p79:脇カーブ

●作り方

1 肩を縫う。➜ p67 2
2 袖をつける。
3 袖下から脇を続けて縫う。
4 ポケットを作り、前身頃につける。
5 裾の後ろ中心からぐるりとパイピングする。
6 袖口を三つ折りにして縫う。➜ p67 4

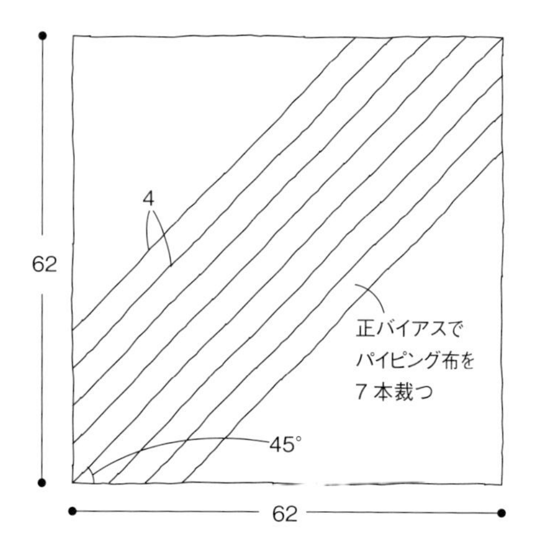

●裁ち方

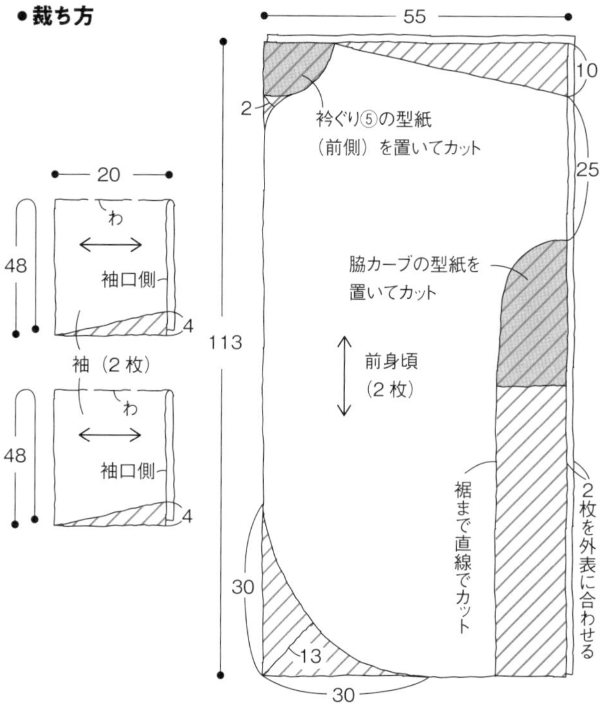

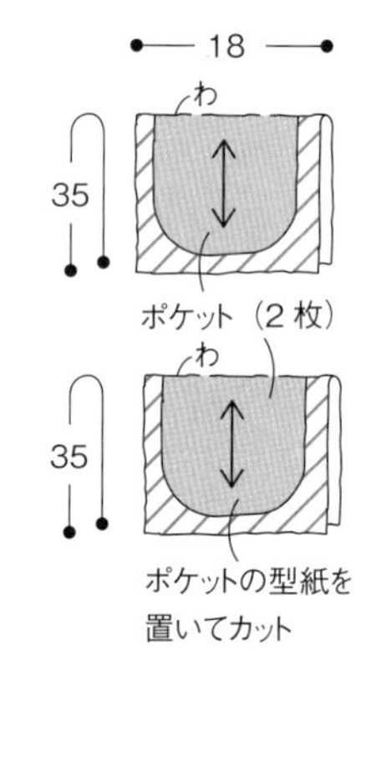

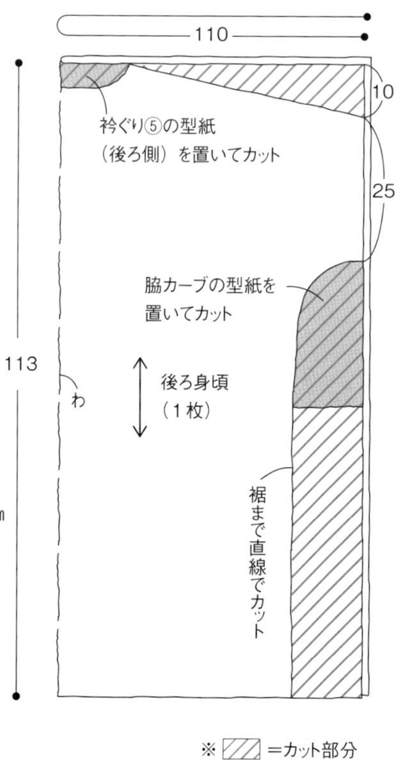

7 本のパイピング布を
はぎ合わせて 1 本にする
※パイピングの長さは約 420㎝

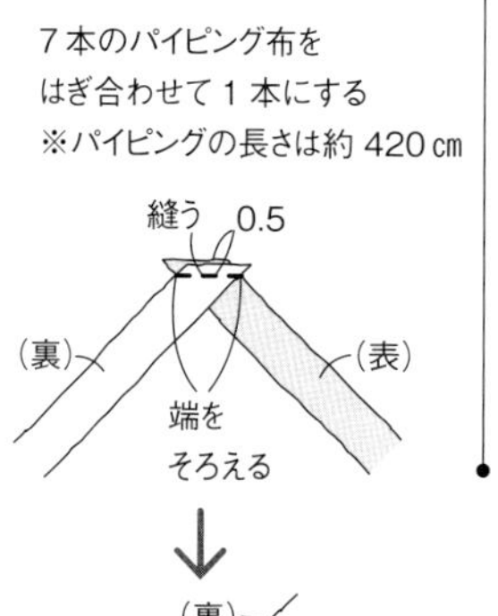

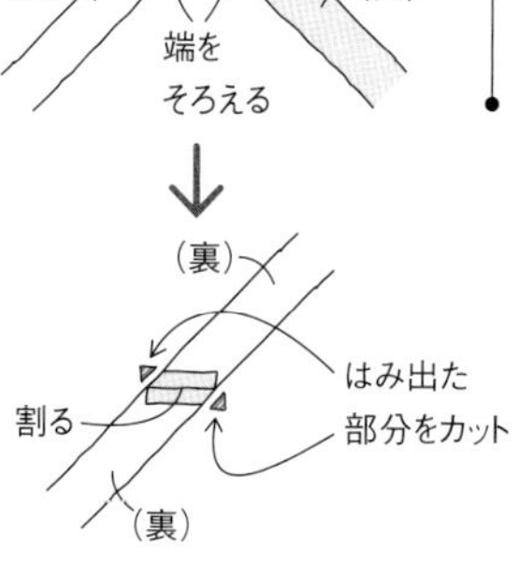

※ =カット部分
※ =型紙を置く

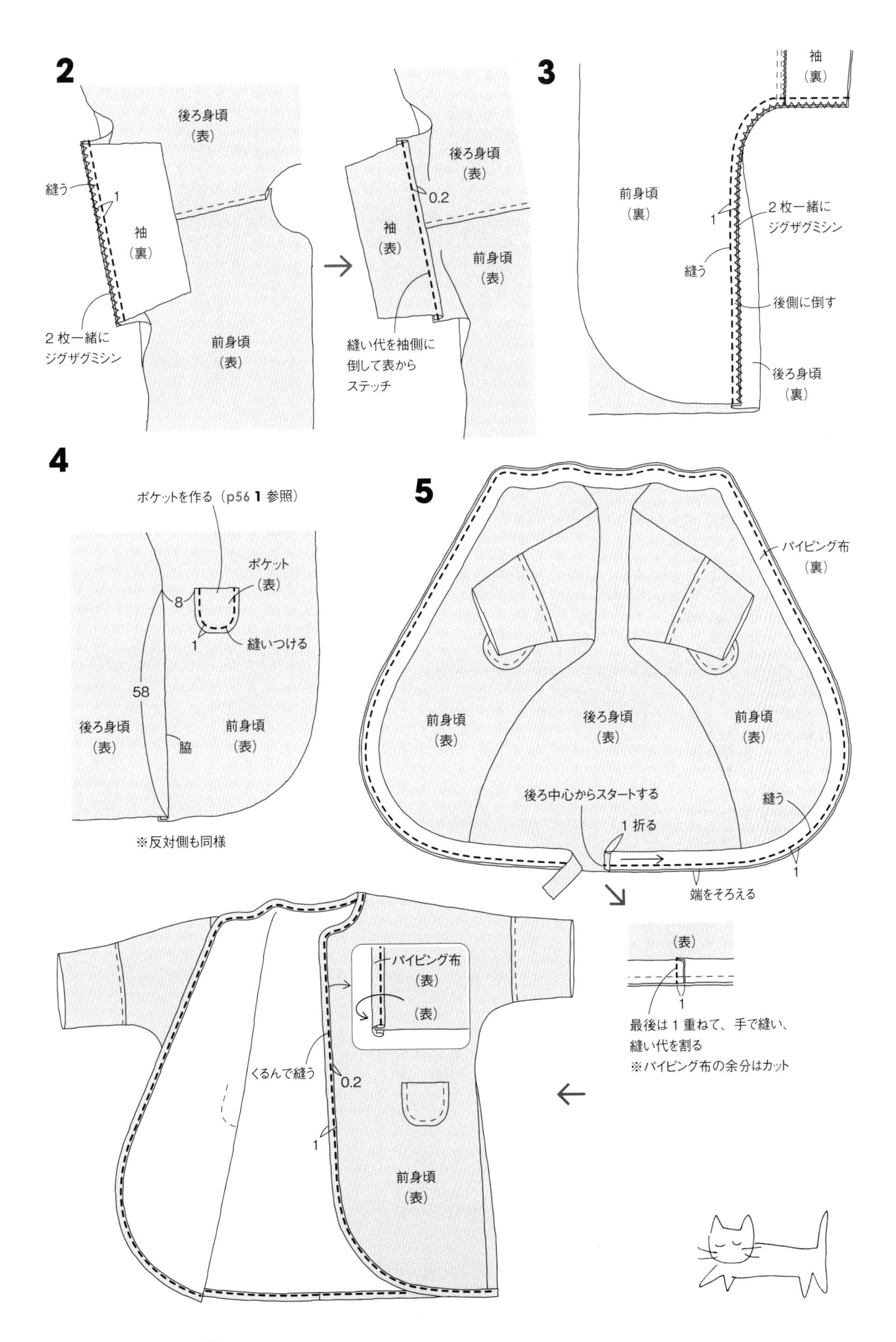
2
後ろ身頃
（表）
縫う
1
袖
（裏）
2 枚一緒に
ジグザグミシン
前身頃
（表）
後ろ身頃
（表）
0.2
袖
（表）
前身頃
（表）
縫い代を袖側に
倒して表から
ステッチ
3
袖
（裏）
前身頃
（裏）
1
2 枚一緒に
ジグザグミシン
縫う
後側に倒す
後ろ身頃
（裏）
4
ポケットを作る（p56 1 参照）
ポケット
（表）
8
1
縫いつける
58
後ろ身頃
（表）
脇
前身頃
（表）
※反対側も同様
5
パイピング布
（裏）
前身頃
（表）
後ろ身頃
（表）
前身頃
（表）
後ろ中心からスタートする
1 折る
縫う
1
端をそろえる
（表）
1
最後は 1 重ねて、手で縫い、
縫い代を割る
※パイピング布の余分はカット
パイピング布
（表）
（表）
くるんで縫う
0.2
1
前身頃
（表）

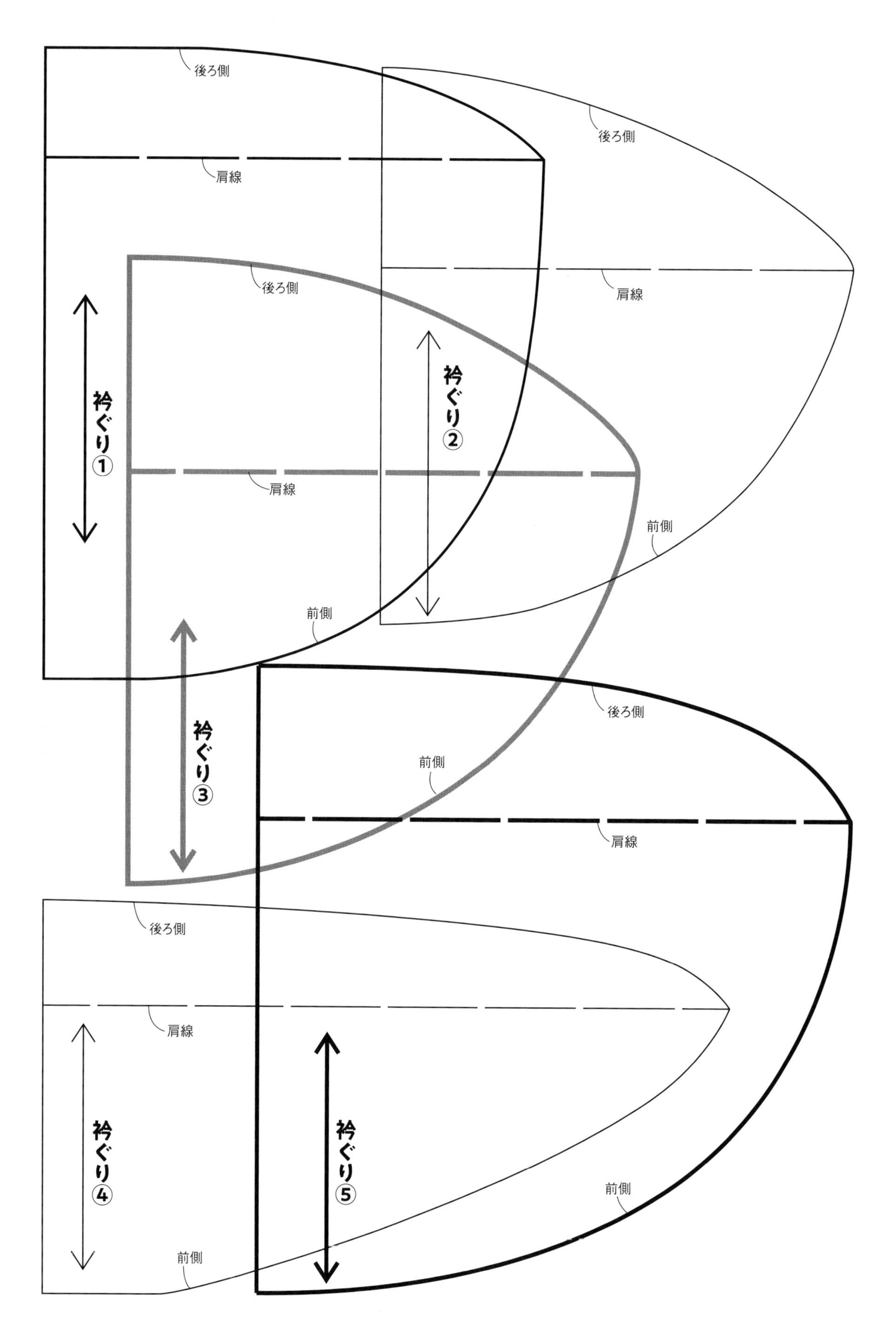
後ろ側
肩線
後ろ側
肩線
後ろ側
衿ぐり①
衿ぐり②
肩線
前側
前側
後ろ側
衿ぐり③
前側
肩線
後ろ側
肩線
衿ぐり④
衿ぐり⑤
前側
前側

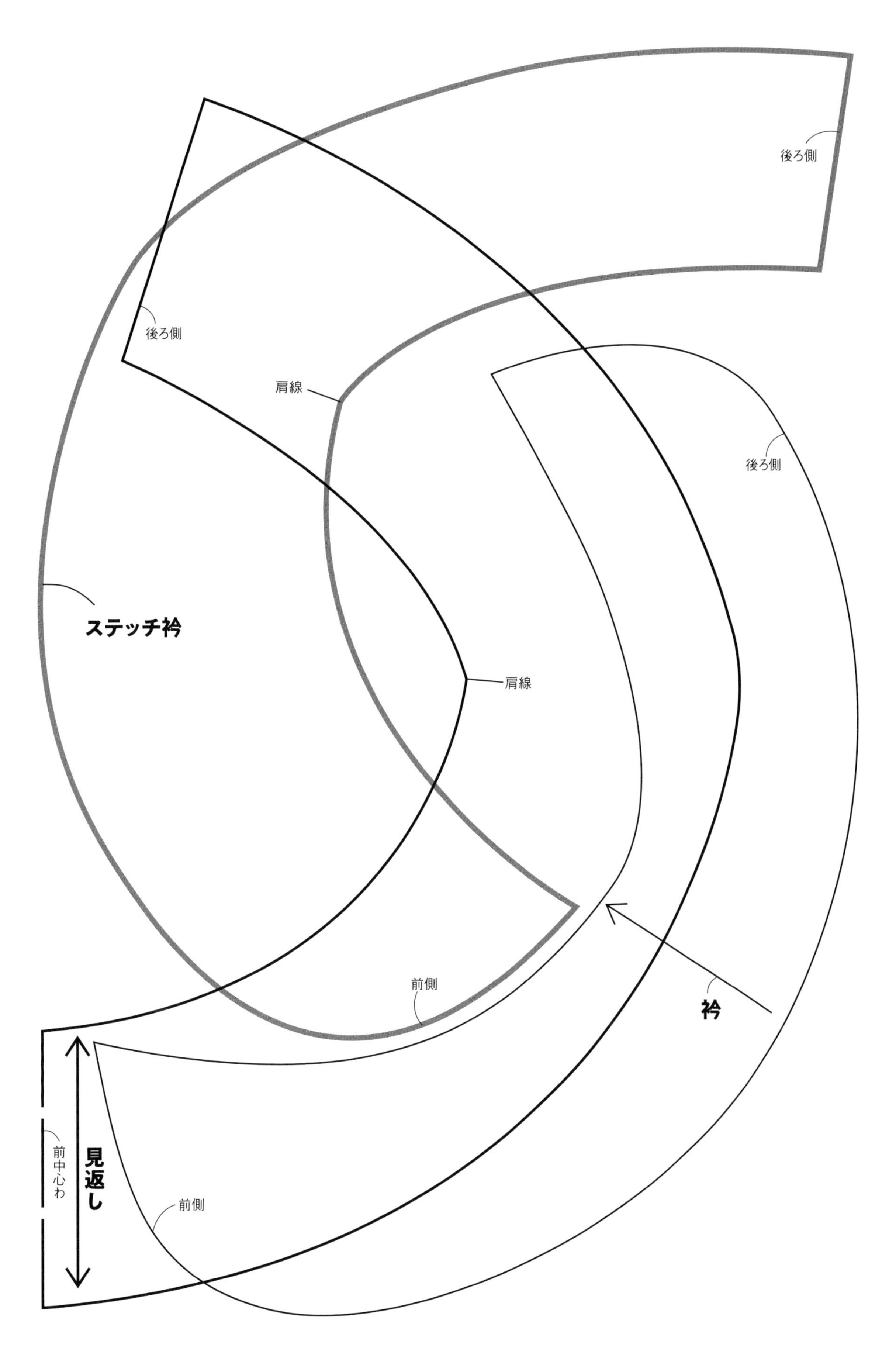
後ろ側
後ろ側
肩線
後ろ側
ステッチ衿
肩線
前側
衿
前中心わ
見返し
前側

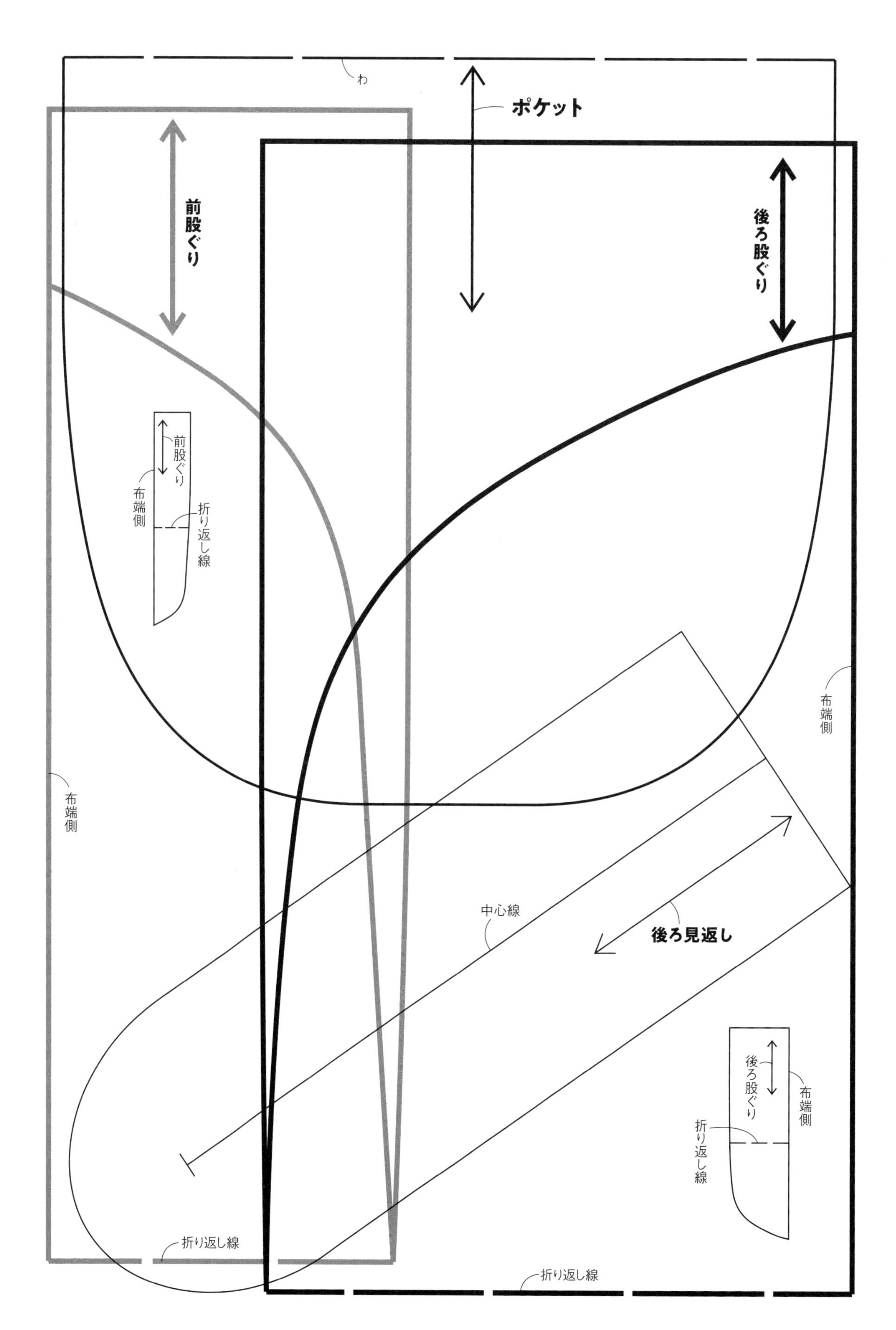

わ
ポケット
前股ぐり
後ろ股ぐり
前股ぐり
布端側
折り返し線
布端側
布端側
中心線
後ろ見返し
後ろ股ぐり
布端側
折り返し線
折り返し線
折り返し線

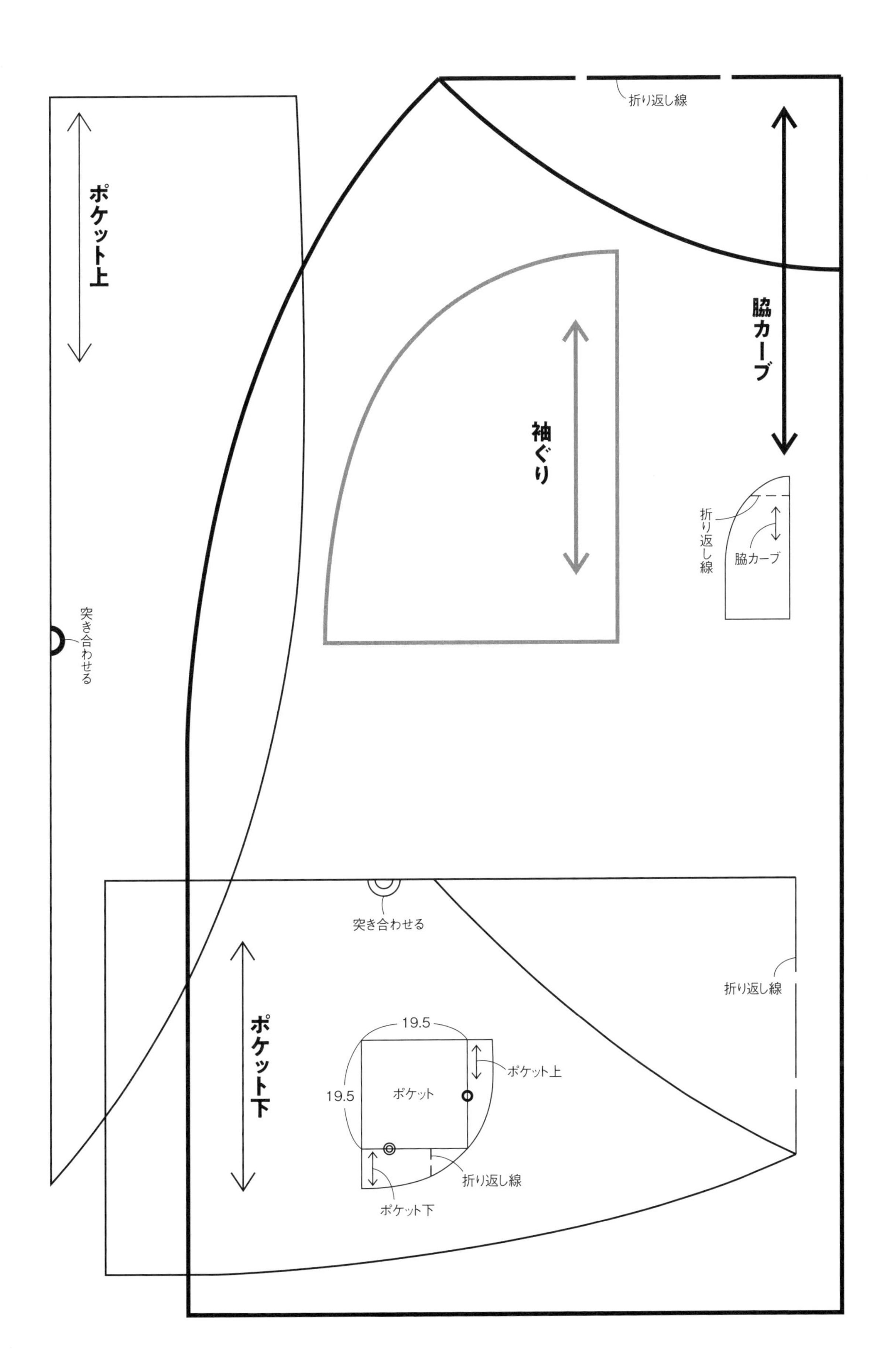
折り返し線
ポケット上
脇カーブ
袖ぐり
折り返し線
脇カーブ
突き合わせる
突き合わせる
折り返し線
ポケット下
19.5
19.5
ポケット
ポケット上
折り返し線
ポケット下

石川ゆみ　いしかわ・ゆみ

青森生まれ。布小物作家。アパレル会社や雑貨店に勤めるかたわら、布の雑貨を作り、1999年より作家としての活動を始める。2003年、友人と東京・恵比寿で器と雑貨の店「イコッカ」を始める。2008年、作品制作に専念するために店を離れる。センスのよい布の選び方とこびるところのないデザインの作品は、気軽に裁縫を始めるきっかけにもなり、多くのファンを得ている。『こどもがまいにちつかうもの』、『まいにちつかうもの』、『四角い布からつくる服』などの著書がある。

ブックデザイン … わたなべひろこ（Hiroko Book Design）
写真 ……………… 松本のりこ
モデル …………… 中村由香・石川ゆみ
作り方解説 ……… 網田ようこ
トレース ………… しかのるーむ

【生地協力】CHECK & STRIPE　http://checkandstripe.com
実店舗とともに online shop があります。
タイミングによっては布が品切れになっていることもありますので、ご了承ください。

まいにち着（き）たい服（ふく）

2019年2月27日　初版第1刷発行

著　者 ……… 石川ゆみ
発行者 ……… 喜入冬子
発行所 ……… 株式会社筑摩書房
〒111－8755　東京都台東区蔵前2－5－3
☎03－5687－2601（代表）

印刷・製本 … 凸版印刷株式会社

ISBN978-4-480-87903-5 C0077